Michael Birkenbihl

Schnellkurs zum Manager

Wirtschafts Praxis

BVB

Michael Birkenbihl

Schnellkurs zum Manager

Common sense als Führungsphilosophie

BVB Bayerische Verlagsanstalt Bamberg

CIP-Titelaufnahme der Deutschen Bibliothek

Birkenbihl, Michael:
Schnellkurs zum Manager : Common sense als
Führungsphilosophie / Michael Birkenbihl. – Bamberg :
Bayerische Verl.-Anst., 1991
(BVB-Wirtschaftspraxis)
ISBN 3-87052-680-7

Illustrationen: Michael Birkenbihl
Umschlag: Erna Lautenbacher
Gesamtherstellung: SOV Graphische Betriebe, Bamberg
Printed in Germany
ISBN 3-87052-680-7

Inhaltsverzeichnis

Vorwort

Dieses Buch ist für alle jene geschrieben worden, die in unserer kapitalistischen Gesellschaft Karriere als Manager machen wollen (oder müssen). Ich denke da auch an jene Menschen, die in der ehemaligen DDR Führungspositionen innegehabt haben und jetzt versuchen müssen, wieder Führungspositionen im ganz anderen „Klima" des vereinten Deutschlands auszufüllen. Denn wer einmal Vorgesetzter gewesen ist, will es wieder werden. Im übrigen brauchen wir in unserer Wirtschaft Menschen, die führen und Verantwortung übernehmen wollen. Denn davon gibt es immer zu wenige . . .

Es ist ein Merkmal dieses in Aufmachung und Umfang bescheidenen und nur auf das Wesentliche beschränkten Buches, sich der vorgegebenen Thematik im Sinne der Wahrhaftigkeit zu nähern, soweit dies einem Autor überhaupt möglich ist. Jedenfalls wird hier a priori jeder Versuchung zur Schönmalerei und zur „Heilen-Welt-Philosophie" entgegengearbeitet. Wer sich auf den Weg zum Gipfel macht, soll wenigstens in etwa wissen, was ihm bei diesem Unterfangen bevorsteht. Werfen wir also zunächst einen Blick auf unsere patriarchalische Männergesellschaft. Als erstes ist festzustellen, daß männliche Strukturen hierarchisch organisiert sind. Unter einer Hierarchie verstehen wir ein System von Rangstufen in Form einer Leiter oder Pyramide, das mit Zwangsmitteln aufrechterhalten wird und in dem sich Macht und Autorität verkörpern. Allgemein gilt: je größer die Institution, desto stärker sind ihre Mitglieder voneinander isoliert.

Demokratische Verfahrensformen sind in großen Organisationen nicht zulässig, auch nicht innerhalb kleinerer Unterabteilungen. Hierarchie beinhaltet Superiorität, die Vormachtstellung des jeweiligen Vorgesetzten ist absolut, der Untergebene hat sie nicht in Frage zu stellen. In einer Hierarchie gibt es keinen gleichberechtigten Dialog, nur den Monolog mit bekräftigendem Echo. Wenn ein Untergebener mit einem Vorgesetzten spricht, dann ist das kein Gespräch, sondern Berichterstattung.

Es gibt jedoch auch Organisationen, die nicht hierarchisch strukturiert sind. Diese sind grundsätzlich klein und meist sind in ihnen vorwiegend junge Leute tätig. Praxen, kleine Geschäfte und Dienstleistungsbetriebe werden häufig von einem Mann getragen, dem andere assistieren. In solchen Einrichtungen herrscht zuweilen eine Art demokratischer Atmosphäre, die allen Beteiligten das Gefühl gibt, Meinungen äußern, Vorschläge machen und vielleicht sogar Kritik an Arbeitsverfahren, Arbeitsplatzgestaltung, menschlicher Behandlung oder der Art der Arbeit üben zu dürfen. Doch derartige „Gründerbetriebe" sind nicht Gegenstand dieser Arbeit.

Schließlich muß noch ein weitverbreiteter Denkfehler aus der Welt geschafft werden: *Macht ist stets personal*, d. h. an einzelne Machthaber gebunden. Ein Konzern als solcher kann beispielsweise keine Macht ausüben. Nur die in einer solchen Institution damit per Organigramm Beauftragten können, in einem meist genau umschriebenen Bereich, „andere nach ihrer Pfeife tanzen lassen".

Wer in dieser Gesellschaft Karriere als Manager machen will, muß die *Spielregeln* kennen. Diese können, wenn man den international angesehenen amerikanischen

Autoren Adolf A. Berle, Marilyn French, John Kenneth Galbraith und Michael Korda folgt, „im Telegrammstil“ wie folgt zusammengefaßt werden:

- Voraussetzung jeglicher Pyramidenkletterei: Genaue Zielvorstellung.
- Basis jeder Machtausübung in großen Institutionen: Menschenverachtung.
- Schicksal aller Top-Manager am Ende der „Ochsentour“: Sie haben jedes Gefühl der Identität verloren und werden von anderen Leuten bis ins Letzte bestimmt.
- Ethik existiert im klassischen Management nicht.
- Wer den Gipfel der Macht erreicht, hat dafür den üblichen Preis bezahlt: Isolierung und Gefühlstod.

Wer, beim Lesen dieser Zeilen, als erfolgreicher Top-Manager aufheult, ist scheinheilig oder lügt sich in die eigene Tasche. Allerdings: Daß man auch auf einer ethischen Grundlage erfolgreich und gewinnbringend arbeiten kann, wird im Teil II dieses Buches angesprochen.

Als ich, ein blutiges Greenhorn, 1952 bei einem multinationalen Konzern anfing, trat ich in sämtliche Fettnäpfchen, die da herumstanden. Weil ich nicht wußte, daß diese Näpfchen existierten. Dieses „Näpfchentreten“ beobachte ich seit zwei Jahrzehnten als selbständiger Berater immer wieder bei anderen; im Verbund mit diversen Anfängerfehlern, weil man hinsichtlich des „Managens“ von „Tuten und Blasen keine Ahnung“ hat. Deshalb will ich jüngeren Kollegen im Startloch und zeitgeschichtlich bedingten Umsteigern nach Möglichkeit Pannen ersparen. Selbstverständlich gilt alles Gesagte auch für Damen, die in immer größerer Zahl das Mittelmanagement „erobern“.

Schließlich kann dieses Buch für eine weitere Zielgruppe relevant werden: für Chefs, die zu früh befördert worden sind; und denen als Fast-Erfolgreichen der Durchbruch bisher versagt geblieben ist: weil man von ihnen stets Höchstleistungen gefordert hat, ohne ihnen die notwendigen Hilfen in Psychologie und Management-Wissen zukommen zu lassen.

Da ich von der Psychologie komme, werden in diesem Buche keine wirtschaftlichen Gesichtspunkte angesprochen. Über dieses Teilgebiet des Führens gibt es genügend Literatur und eine Menge Seminare.
Ich wünsche den neuen Pyramidenkletterern (mit Hilfe dieses kleinen Buches) viel Erfolg!

8063 Odelzhausen, im Dezember 1990

Michael Birkenbihl

TEIL I:

Spielregeln des „Klassischen Managements“

SEKTOR I:

Die Bedeutung des Lebenszieles

1. Beginnen wir mit einem alten Symbol

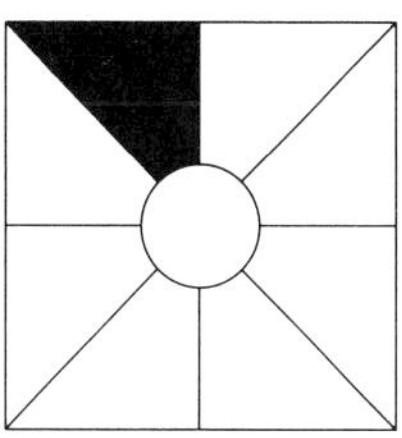

Thomas A. Edison, der größte Erfinder aller Zeiten, sagte einmal, er hätte die besten Einfälle gehabt, als er Fakten aus ganz verschiedenen Gebieten miteinander in Verbindung gebracht hätte. Vor allem kann man, wenn man Bilder aus verschiedenen Welten zu einem neuen Ganzen zusammenfügt, „holistische“ Einsichten gewinnen. Mit anderen Worten: es gelingt einem durch eine derartige Methode, Zusammenhänge und Abläufe zu erkennen, die einem sonst verborgen blieben. Dies ist zum Beispiel der Fall, wenn man sich eines Mandalas bedient. (Die folgende Abbildung demonstriert dies.)

Mandala zum „klassischen Management“

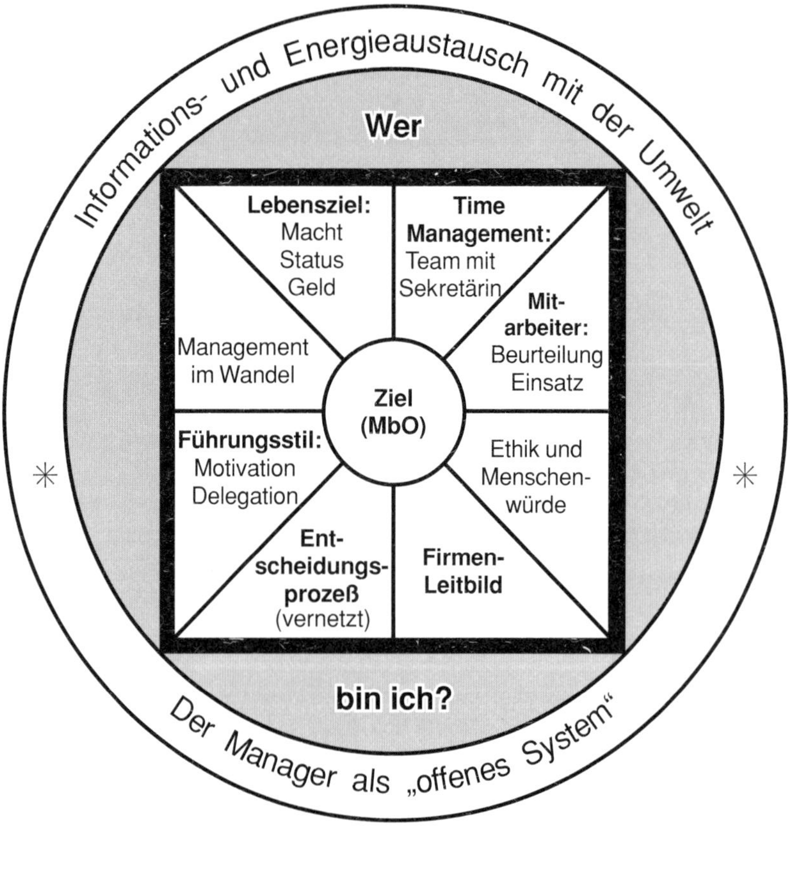

Ein *Mandala* dient in Indien und Tibet dazu, dem Suchenden die Möglichkeiten aufzuzeigen, die ihm offenstehen, um zur Erleuchtung zu gelangen. Die Struktur dieses jahrtausendealten Symbols enthält immer drei Abteilungen: Einen *äußeren Ring*, (im Original mit vier Eingangstoren ausgestattet), ein in mindestens vier Segmente eingeteiltes *Zwischenareal*, das die Möglichkeiten symbolisiert, ins Zentrum zu gelangen, und das *Zentrum*, das die Zielsetzung (hier die Erleuchtung) beinhaltet.
Betrachten wir uns nunmehr das von mir für den Teil I dieses Buches entworfene „weltliche" Mandala: Der äußere Ring zeigt, daß der Manager ein „offenes System" darstellt, der vom Austausch von Energie und Informationen mit seiner Umwelt lebt. Das gilt natürlich für jeden Menschen: *wir sind keine Inseln.* Wobei die Umwelt eines Managers nochmals unterteilt ist: in die allgemeine Umwelt, z. B. die Bundesrepublik Deutschland, und in sein betriebliches Umfeld. Mit dem betrieblichen Umfeld, das gewissermaßen das Wasser darstellt, in dem der Fisch „Manager" schwimmt, werden wir uns noch beschäftigen.
Nun habe ich den Hintergrund des Zwischenareals schraffiert. Ich will damit ausdrücklich darauf hinweisen, daß sich ein (angehender) Manager dem Zwischenareal selbst überhaupt nicht zu nähern braucht, bevor er nicht auf die „Frage aller Fragen" eine Antwort gefunden hat: „Wer bin ich?" Erst aus der Antwort auf diese Frage ergibt sich alles Weitere, z. B. die Auswahl eines Leitmotivs für seine künftige Laufbahn. Was also in den acht Feldern dieses Mandalas aufgeführt ist, sind alle Tätigkeiten und Fertigkeiten, die letztlich in das Zentrum, hier „Ziel" genannt, führen. (Wobei „MbO" für „Management by Objectives" steht: Führen durch Zielvereinbarung. Diese Methode wird allerdings in diesem Buch nicht erörtert, da sie Sache der Geschäftsleitung ist.) Oder, im „Seminardeutsch" erläutert: ein guter, d. h. ein effektiver und erfolgreicher Manager sollte in allen acht Feldern des Zwischenareals zuhause sein. Denn wenn er beispielsweise seine Mitarbeiter nicht beurteilen und motivieren kann, dann können ihm die anderen Sektoren auch nicht weiterhelfen. Und wenn er sich, um das Unglück voll zu machen, auch noch mit seiner Sekretärin nicht versteht, dann sollte er mal über eine Bitte um Versetzung nachdenken . . .

2. Struktur-Mandala zur Gliederung dieses Buches

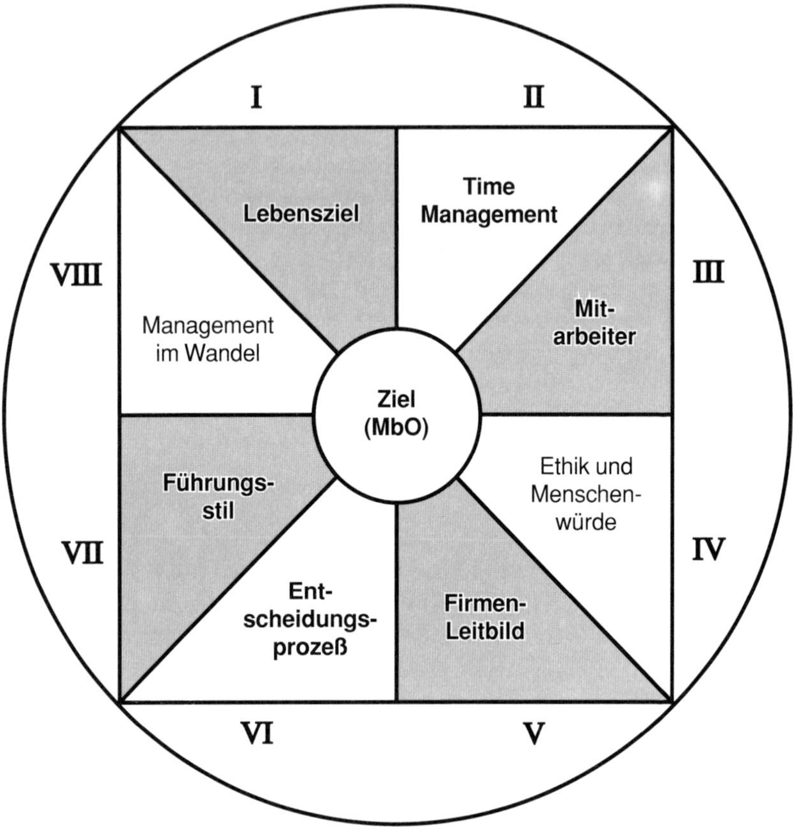

Dieses Buch ist nicht, wie üblich, in Kapitel eingeteilt, sondern in *Sektoren* des „Mandalas zum klassischen Management". Dadurch wird z. B. offenbar, daß die jeweils gegenüberliegenden Sektoren sich beeinflussen und ergänzen. Also: Sektor I, Lebensziel des Managers, korrespondiert mit dem Firmenleitbild, Sektor V. Weil die Philosophie des Unternehmens selbstverständlich die individuelle Philosophie jedes Mitarbeiters beeinflußt bzw. modifiziert.

Sektor II beinhaltet das Time Management, d. h. die Art und Weise, wie ein Manager seine Zeit nützt oder verwüstet. Die wichtigste Hilfe zur Bewältigung dieser Problematik stellt die Sekretärin dar. Andererseits beeinflußt das Timing jeden Entscheidungsprozeß; daraus ergibt sich die Korrespondenz zwischen Sektor II und VI.

Sektor III beschäftigt sich mit den Mitarbeitern und gibt Tips, wie man sie beurteilt und optimal einsetzt. Hier ergibt sich zwangsläufig eine Verbindung zum Sektor VII, wo es um Führungsstil, Motivation und Delegation geht.
Und schließlich gibt es da noch den Sektor IV, der sich mit der heiklen Frage der „Ethik im Management" befaßt. Gerade heutzutage, wo dieses Problem in der Öffentlichkeit, speziell in den Medien, immer häufiger und zum Teil recht aggressiv diskutiert wird, sollte jeder, der führt, eine klare Meinung dazu haben. (Ob er sie kundtut, ist eine andere Frage.) Diese ethische Einstellung bzw. die Moral eines Managers führt in die Thematik des Sektors VIII, zur aktuellen Fragestellung des „Managements im Wandel".
Das Mandala demonstriert außerdem, daß es *keine bestimmte Reihenfolge* gibt, in der die Sektoren vom Leser „konsumiert" werden sollten. Aus einer Ganzheit, z. B. aus einem Skat-Deck, kann man einzelne Karten in beliebiger Reihenfolge ausspielen — aber nur die Gesamtheit aller 32 Karten erlaubt ein sinnvolles Spiel und ergibt Gewinn oder Verlust. Genauso verhält es sich mit den einzelnen Sektoren des Mandalas: Man kann sie einzeln und in beliebiger Reihenfolge bearbeiten — aber sie erhalten ihren Wert allein durch die Ganzheit: durch die „Kunst des klassischen Managements".
Um die Orientierung zu erleichtern, steht am Beginn jedes Sektor-Textes ein Piktogramm, das mit einem Blick zeigt, wo dieser Sektor und seine spezielle Problematik im Gesamtschema angesiedelt ist. So soll diese bildhafte (und deshalb „gehirn-gerechte") Art der Darstellung den Leser daran gewöhnen, „holistisch" zu denken; d. h. niemals das Ganze aus den Augen zu verlieren.

3. Erkenne dich selbst!

Um hinter die so wesentliche Antwort auf die Frage „Wer bin ich?" zu kommen, ist es hilfreich, sich eines Selbstanalyse-Formulars zu bedienen. Wohlgemerkt, so etwas ist kein psychologischer Test! Es soll lediglich behilflich sein, sich über einzelne Standpunkte klar zu werden. Natürlich zeitigt dieser Fragebogen ein Ergebnis: nämlich, welche „Ich-Zustände" (im Sinne von Eric Berne) bei Ihnen überwiegen. Und dieses Selbstbild gibt einen eindeutigen Hinweis darauf, ob Sie als Manager geeignet sind oder nicht. Also, machen Sie sich an die Arbeit! Kreuzen Sie bitte bei den folgenden Aussagen jeweils Ja oder Nein an. Und schwindeln Sie nicht — diesen Bogen bekommt außer Ihnen niemand zu Gesicht!

Nr.		Aussage:	Ja	Nein
1	109	Nur erfolglose Menschen berufen sich ständig auf „die Moral“.		
2	328	Neue Aktionen sollte man nur starten, wenn das Risiko minimal ist.		
3	225	Auch im Geschäftsleben ist man auf harmonische menschliche Beziehungen angewiesen.		
4	001	Leute, die unzuverlässig sind, sollte man sich vom Halse halten.		
5	115	Wenn man Mitarbeiter zu weitgehend über Geschäftsvorgänge informiert, läuft man Gefahr, ausgetrixt zu werden.		
6	008	In Großunternehmen kann man als Manager nicht auf Statussymbole verzichten.		
7	116	Wer sich an alle Gesetze und Vorschriften hält, kommt auf keinen grünen Zweig.		
8	720	Vertrauen und Zuneigung sind die Voraussetzung effektiver Kommunikation.		
9	307	Wer Karriere machen will, ob Mann oder Frau, sollte sich sexueller Beziehungen enthalten: die lenken bloß von der Arbeit ab.		
10	111	Wer erfolgreicher werden will als andere, gibt alle sekundären Arbeiten an Dritte ab.		
11	522	Manager, die wichtige Entscheidungen treffen müssen, sollten vorher die Meinungen ihrer Frauen einholen — damit eine Entscheidung auch gefühlsmäßig abgesichert ist.		
12	429	Ein herzliches Einvernehmen mit den Mitarbeitern ist zuweilen für das Fortkommen wichtiger, als sich in einer Bereichsbesprechung durchzusetzen.		
13	804	Es ist besser, mit sich selbst, seiner Familie und einer natürlichen Umwelt im Einklang zu leben, als Karriere zu machen.		
14	003	Eine Frau/einen Mann mit einer anderen Religion sollte man grundsätzlich nicht heiraten.		
15	329	Sexuelle Beziehungen unter Mitarbeitern garantieren ein gutes Betriebsklima.		

Nr.		Aussage:	Ja	Nein
16	625	Insgesamt betrachtet sind gefühlsmäßige Entscheidungen nicht schlechter als jene, die auf Fakten beruhen.		
17	113	Darwin hatte recht: Nur der Stärkste, d.h. der Erfolgreichste, kann überleben.		
18	119	Gefühle haben im Beruf nichts zu suchen.		
19	124	Überdurchschnittliche Leistungen können nur im Team erbracht werden.		
20	410	„Emanzipation“ ist lediglich eine weibliche Ausrede, um keine Familie versorgen zu müssen.		
21	208	Wer militärische Disziplin aufweist, ist in jedem Fall ein guter Mitarbeiter.		
22	004	Der Islam kann sich mit dem Christentum in keiner Weise vergleichen.		
23	323	Manager (beiderlei Geschlechts), die es nicht gelernt haben, mit Genuß zu essen und zu lieben, sind reduzierte Menschen.		
24	114	Jeder ist für sein Schicksal selbst verantwortlich.		
25	428	Haß ist der beste Motivator.		
26	624	Man muß sich beizeiten einen Freundeskreis aufbauen, damit man in der Not auf Hilfe rechnen kann.		
27	404	„Erfolg“ und „Profit“ heißen die Leitsterne am Himmel des Tüchtigen.		
28	111	„Erst kommt das Fressen, dann kommt die Moral.“		
29	727	Entscheidungen, die auf Trotz- oder Wutreaktionen beruhen, erweisen sich oft als optimal.		
30	005	Kinder brauchen eine strenge Hand, sonst flippen sie aus.		
31	207	Am sichersten macht man in einem „Multi“ Karriere, wenn man seine Meinung immer der des unmittelbaren Vorgesetzten anpaßt.		
32	110	Jeder intelligente Mensch, der das Denken gelernt hat, entwirft „seine“ Moral selbst.		

Nr.		Aussage:	Ja	Nein
33	414	Wer Höchstleistungen vollbringt, braucht sich um die Meinung Dritter nicht zu kümmern.		
34	229	Wer in der Liebe einfühlsam und zärtlich ist, ist ein wertvoller Mensch.		
35	006	Man muß den Freundeskreis seiner Kinder sorgfältig auswählen bzw. überwachen.		
36	112	Zimperlichkeit ist in unseren Zeiten des internationalen Verdrängungswettbewerbs fehl am Platze.		
37	210	Wer Frauen zu gut behandelt, macht sich von ihnen abhängig.		
38	402	Gott blickt mit Wohlgefallen auf die Erfolgreichen, nicht auf die Bettler.		
39	112	Nur wer (als Chef) nach Möglichkeit alles selbst macht, behält den Überblick und ist Konkurrenten gewachsen.		
40	325	Frauen, die aufregend hübsch und sexy sind, sollte man aus dem Wege gehen — sie sind zu gefährlich!		
41	007	Man kann von seinen Kindern verlangen, daß sie nur gute Zensuren bringen und einen vor Verwandten und Nachbarn nicht blamieren.		
42	221	Frauen, die tüchtig und dabei fraulich sind, sollte man in jeder Weise fördern.		
43	115	In einer Rezession kann man nicht erfolgreich sein.		
44	226	Gefühle zu zeigen, ist auch im beruflichen Umfeld keine Schande.		
45	118	Zielsetzung ist nicht so wichtig, wie gute Beziehungen zu schaffen.		
46	326	Frauen kann man (als Mann) nur auf zwei Arten für sich gewinnen: durch Zärtlichkeit und Geborgenheit.		
47	100	Wer täglich 12—14 Stunden arbeitet, bringt es in jedem Fall zu etwas.		
48	407	Wer versucht, ein Unternehmen in erster Linie mit Anstand zu führen, wird vor die Hunde gehen.		

Der *Auswertungsmodus* folgt anschließend. Bitte nicht vor Bearbeitung des Analysebogens anschauen! *Meine* „Kreuzlmalerei" finden Sie im Anhang.

Zur Auswertung: Bei den dreizifferigen Zahlen vor jeder Aussage kommt es nur auf die *mittlere* Ziffer an. *Im übrigen werden nur die Ja-Kreuze gewertet, die „Neins" werden ignoriert.* Zählen Sie also bitte aus, wie oft in Ihren Antworten eine Null, eine Eins oder eine Zwei erscheint und tragen Sie das Ergebnis in die untenstehenden Kästchen ein. Wenn die Null am häufigsten auftritt, sind Sie ein Typ mit einem übermächtigen „Eltern-Ich", d.h. *Grundsätze und Prinzipien bestimmen Ihr Verhalten.* Wenn die Eins am häufigsten erscheint, sind Sie ein Typ mit einem dominierenden „Erwachsenen-Ich", d.h. ein *Verstandesmensch.* Falls die Zwei am häufigsten erscheint, dominiert Ihr „Kindheits-Ich", d.h. *Ihr Verhalten wird überwiegend von Gefühlsreaktionen bestimmt.*

Aus psychologischer Sicht ist es ideal, wenn die drei Ich-Zustände in einem ausgewogenen Verhältnis erkennbar sind. *Für Entscheider und „Macher" ist ein ausgewogenes Verhältnis zwischen Eltern- und Erwachsenen-Ich optimal;* vom Kindheits-Ich sollte nicht zu viel in Erscheinung treten! Gefühle und mitmenschliche Anteilnahme in dominierender Ausprägung sind keine erfolgversprechenden Voraussetzungen für effiziente Unternehmer und Manager.

Ihr persönlicher Status:

„Null" Prinzipien	„Eins" Verstand	„Zwei" Gefühle

Weil das Verständnis dieser „Wichtung“ innerhalb der Person so wesentlich ist, wenn man das Verhalten anderer oder sein eigenes Handeln besser verstehen will, seien einige mögliche Konfigurationen grafisch dargestellt. Damit soll veranschaulicht werden, *daß die einzelnen Ich-Zustände niemals das gleiche Gewicht haben* und deshalb auch grafisch nicht gleich groß dargestellt werden können. Wählen wir also willkürlich vier Beispiele aus:

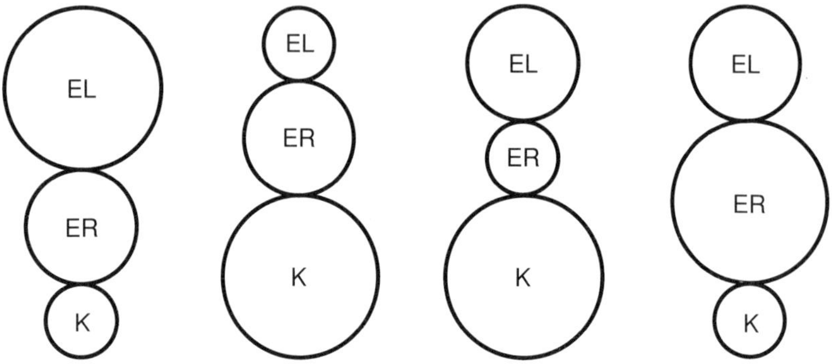

Fazit dieser Überlegungen für die Praxis:
Wenn ein Mensch ein großes, mit Programmen (= Grundsätzen und Prinzipien) vollgestopftes Eltern-Ich aufweist, sollte er keinen Beruf ergreifen, der Mitleid und Einfühlungsvermögen erfordert. Wenn ein Mensch ein „großes Kind“ in seiner Charakterstruktur hat, das gerne lacht und öfters weint, taugt er a priori nicht zum Politiker, zum Richter oder Offizier. Wenn bei einem Menschen das Erwachsenen-Ich, d. h. seine Verstandsebene, dominiert, taugt er vor allem zum Naturwissenschaftler, etwa zum Mathematiker, Physiker oder Chemiker. Er könnte aber niemals Chefarzt eines Kinderkrankenhauses oder einer psychiatrischen Abteilung für Drogenkranke sein. *Insofern wird auch der Beruf von den Genen, modifiziert durch das Familienmilieu, vorbestimmt.*

Wer sich den Beruf des Managers erwählt hat, braucht ein gut ausgestattetes Eltern-Ich, weil man in diesem Metier ohne Grundsätze nicht auskommt. Dazu gehören Pflichtgefühl, Verantwortungsbewußtsein, Zielstrebigkeit und der Wille, niemals aufzugeben. Nur ein so ausgestatteter Manager ist verläßlich, was gleichbedeutend mit der Tatsache ist, daß sein Verhalten, auch in Krisensituationen, voraussagbar ist.

Erfolgreiche Top-Manager haben in der Regel einen I. Q., der nicht wesentlich über 100 hinausgeht — und dies genügt auch vollstän-

dig. „Eierköpfe", die sich und ihre Organisation ständig hinterfragen, sind für das Management ungeeignet.

Was das Kindheits-Ich anbelangt, also unser Gefühlsleben, so kommt ein erfolgreicher Manager leicht ohne es aus. Wenn er wenigstens etwas davon aufzuweisen hat, wirkt er glaubwürdiger und überzeugender, besonders bei Motivationsversuchen. Zu viel Gefühl ist im Führungsbereich jedenfalls ein Schwachpunkt.

4. Geld, der große Motivator

Wenn Sie sich in etwa darüber klar sind, wie Ihre Persönlichkeitsstruktur beschaffen ist, d. h., wie Ihre Ich-Zustände „gewichtet" sind, dann müssen Sie sich für ein Motiv entscheiden, das zum „Leitmotiv" Ihrer Karriere oder sogar Ihres Lebens werden soll. Es könnte natürlich auch sein, daß dieses Motiv längst feststeht: nämlich, Macht auszuüben. Dann würden Sie zu den zwei Prozent „Machern" gehören, die etwas bewegen wollen, wie z. B. Gorbatschow oder Iacocca. (Darüber habe ich ausführlich in meinem „Chefbrevier" berichtet.)

Wie dem auch sei: Es gibt nur vier wirklich wesentliche Motive, deren Befriedigung ein Mensch anstreben kann:

- Macht ausüben
- einen hohen Status gewinnen
- reich werden
- anderen helfen.

Menschen, die vom vierten Motiv angetrieben werden, weil in ihrer Ich-Konfiguration das Kindheits-Ich überwiegt, ergreifen „helfende Berufe", wie z. B. Arzt, Psychotherapeut, Krankenschwester, Hebamme, etc. Außerdem ist bei diesen Berufen die sog. Empathy besonders wichtig, das Einfühlungsvermögen. Diese Gruppe können wir bei unseren Überlegungen aussparen, weil ein Manager mit Einfühlungsvermögen und Mitleid ein Widerspruch in sich selbst wäre.

In den Zeiten zwischen Kaiserreich und „Führer-Staat" wurde die deutsche Jugend nach dem Motto erzogen: „Gelobt sei, was hart macht!" Etwas von dieser Gesinnung ist auch heute noch in der *internationalen* Managerausbildung untergründig zu spüren; wobei der Impuls zu dieser Einstellung eindeutig von den USA ausgeht. Die Amerikaner verachten jeden „Schwächling", der es — aus welchen Gründen auch immer — nicht bis zum 28. Lebensjahr zum Millionär gebracht hat. Sie verabscheuen auch jeden, der die offensichtlich gottgewollte demokratisch-kapitalistische Ordnung in Frage stellt oder stört. So hat schon Henry Ford I auf seine streikenden Arbeiter schießen lassen. Und etwas von dieser Gesinnung, aufmüpfige oder nonkonforme Mitmenschen zum Teufel zu jagen, ist zweifellos auch heute noch latent im amerikanischen Management vorhanden („ Hire and fire!"). Mit anderen Worten: Im Management der US-Großbetriebe gilt — natürlich unausgesprochen — die Devise: Anpassung nach oben und Härte nach unten. Was sich ideal mit der alten deutschen Devise deckt: Nach oben buckeln, nach unten treten!

Da uns (West-)Deutsche die Amerikaner nach der Niederlage erfolgreich umerzogen haben, zwar nicht zu Demokraten, aber zu Kapitalisten, haben sich auch in deutschen Unternehmen amerikanische Führungsgrundsätze durchgesetzt. Danach ist dem Profitstreben höchste Priorität zuerkannt. Und da diese profitorientierte Spezies Mensch ständig Nachwuchs braucht, wird unsere Jugend — genau wie in den Staaten — durch Massenmedien und Werbung dazu erzogen, Geld zu verdienen und auszugeben.

Weil Geld an sich keinen Wert hat, wenn man es nicht in Form von Statussymbolen herzeigen kann, werden aufwendige Häuser gebaut, teuere Autos gekauft und Urlaubsorte ausgewählt, deren Exklusivität jedermann klar ist.

5. Das ideelle Kapital

Da der Mensch nicht nur aus Knochen, Muskeln und diversen (austauschbaren) Innereien besteht, sondern auch ein Gehirn besitzt, eröffnet sich ihm theoretisch die Möglichkeit, dieses Paradestück der Evolution zum Denken zu benützen. Leider ist dem in der Regel nicht so: weil, nach Feststellung führender Gehirnforscher, der „Durchschnittsmensch" von seinen etwa 14 Milliarden Zellen zu maximal zehn Prozent Gebrauch macht! Wenn Sie es, als (künftiger) Manager, schaffen, Ihre Denkeffizienz um nur drei Prozent zu steigern, werden Sie alle Konkurrenten mit Leichtigkeit überflügeln und unaufhaltsam der Vorstandsriege zustreben.

Wie aber lernt man das Denken? Indem man philosophiert. Und, beispielsweise, versucht, auf folgende drei Fragen eine Antwort zu finden:

- Wer bin ich?
- Wer sind die anderen?
- Wozu bin ich hier?

Natürlich reicht *ein* Leben nicht aus, auf diese Fragen eine verbindliche Antwort zu finden — deshalb glauben viele Menschen an Wiedergeburten. Aber die stete Beschäftigung mit diesen Fragen führt immer zu einer „Weltanschauung" — das heißt zu einer philosophischen Plattform, die einen trägt: besonders in schwierigen Zeiten! Sie können deshalb, verehrter Leser, nichts Besseres tun als beharrlich an Ihrer ganz persönlichen Weltanschauung zu arbeiten. Ein Manager ist dem unerhörten Leistungsdruck unserer Zeit auf Dauer ohne einen philosophischen (oder religiösen) Hintergrund nicht gewachsen! Nur die „geistig Armen" landen eines Tages „ausgebrannt" auf einer Sonderdeponie unserer Industriegesellschaft!

Ich will nunmehr versuchen, verehrter Leser, Ihnen aus den bisher vorgetragenen Fakten, die alle psychologisch korrekt und praxisbewährt sind, so etwas wie eine „Lektion für Aufstiegs-Manager" zu destillieren. Also:

6. Resümee Nr. 1:

- Ein Manager ist, wie jeder Mensch, ein „offenes System", das von der Wechselwirkung mit seiner Umgebung lebt.
- Bevor sich ein „Manager der Absicht nach" auf den Weg zum Gipfel macht, sollte er eine Antwort auf die „Frage Nr. 1" gefunden haben: „Wer bin ich?" Und sich beharrlich um eine persönliche „Weltanschauung" bemühen.
- Das Verhältnis von Grundsätzen zu Intelligenz zu Gefühlen könnte (nach E. Berne) bei einem erfolgreichen Manager etwa 2:1:0,5 sein.
- Der Mensch kann, ganz allgemein gesagt, von vier Bedürfnissen motiviert sein: Macht ausüben, Status gewinnen, Reichtum erwerben, anderen helfen.
- Bei nur zwei Prozent aller Menschen ist ein so starkes Machtbedürfnis vorhanden, daß sie zu großen „Machern" werden.
- Für die meisten Menschen, einschließlich der Manager, ist Geld der „Motivator Nr. 1".
- Da Geld an sich keinen Wert besitzt, wird es zum größten Teil in Status umgesetzt, um der Mitwelt zu zeigen, wie herrlich weit man es gebracht hat. Das Statutsstreben ist also der „Motivator Nr. 2".
- Ein angehender Manager sollte sich zu Beginn seiner Karriere darüber klar sein, was er im Leben erreichen will — und zwar ganz konkret, nicht ungefähr!
- Wer sich vor dieser „inneren Inventur" drückt, wird dann „ins Schwimmen kommen", wenn ihn als Manager die erste Berufskrise ereilt. Und die kommt bestimmt . . .

SEKTOR V:

Das Firmenleitbild

1. Die ethische Basis eines Unternehmens

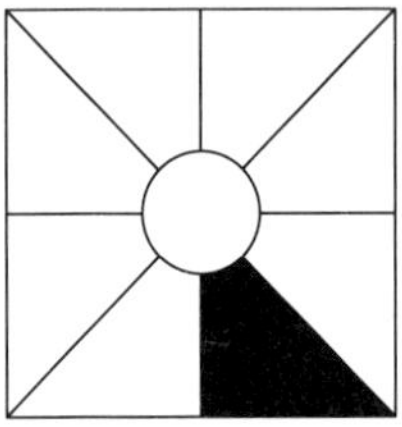

Was ist eine „Firmenphilosophie“, die neuerdings meistens „Firmenleitbild“ genannt wird? Damit bezeichnet man die ethische Basis, die allen unternehmerischen Entscheidungen/Handlungen zugrundeliegt.

In der psychologischen Situation eines Unternehmens spielt die „Identifikation“ die gleiche wichtige Rolle wie im Leben eines Kindes. „Sich identifizieren“ bedeutet, „sein wollen wie ein anderer“, z. B. wie der geliebte Vater. Das Kind ahmt den Vater nach. Das gleiche gilt für ein Unternehmen. Der Mann an der Spitze, z. B. der Vorsitzende des Vorstandes, sollte eine „Vaterfigur“ sein, mit der man sich identifizieren kann. Auch für ihn gilt, daß das persönliche Vorbild der wirkungsvollste Motivator ist. Zu dieser Vorbildwirkung gehört, daß der „Erste Mann“ eine *Vision* hat, die er nicht nur in irgendeinem „Führungspapier“ schriftlich fixiert hat, sondern die er *vorlebt* — Tag für Tag! In dieser Beziehung können uns die Amerikaner in der Tat Vorbild sein! Ein Mann wie Iacocca besucht während des Jahres mehrmals die verschiedenen Produktionsstätten und verkündet dort den Arbeitern — nicht nur den Managern! —, was die Firma erreichen will. Und daß sie dieses Ziel selbstverständlich erreichen wird, wenn alle einen Zahn zulegen! Iacocca verbindet also Information und Motivation miteinander.

Die schriftlich fixierte Philosophie eines Unternehmens könnte z. B. folgende Kernpunkte enthalten:

- Wir orientieren uns grundsätzlich an den Kundenbedürfnissen.
- Wir versuchen, nur überschaubare Risiken einzugehen.
- Wir produzieren/verkaufen nur Qualität.
- Das Bestreben, unsere Mitarbeiter menschlich zu fördern, ist gleichrangiges Ziel neben dem Gewinnstreben.
- Wir informieren unsere Mitarbeiter rechtzeitig und umfassend über die Firmenpolitik.
- Wir verlegen Entscheidungen soweit wie möglich nach unten, um Initiative und Verantwortungsbewußtsein zu fördern.

- Wir bekämpfen im eigenen Hause unablässig den größten Feind menschlichen Zusammenwirkens, die Bürokratie.

2. Die Firmenpolitik

Erst auf der Grundlage einer klaren, schriftlich fixierten und allen Mitarbeitern bekannten Firmenphilosophie kann die *Firmenpolitik* erarbeitet werden. Sie besagt, was wir gemeinsam wann, wie und zu welchem Zweck tun. Bei der Konzeption der Firmenpolitik setzt sich mehr und mehr die „Szenario-Technik" durch. Das heißt, man versucht im Geiste vorwegzunehmen, wie sich der Markt entwickeln wird und wie man als Geschäftsleitung darauf reagieren könnte. Zu diesem Zweck lassen große Unternehmen durch eine spezialisierte Stabsgruppe drei Szenarien entwickeln:

- Szenario Nr. 1 unterstellt, daß der Markt in den kommenden fünf Jahren unerhört boomen wird. Wie kann ich der erwarteten Nachfrage Herr werden? Sollte ich mich vorsorglich um zusätzliche Mitarbeiter bemühen und mehr in meine Produktionsanlagen investieren?
- Szenario Nr. 2 geht von der Prämisse aus, daß eine unerwartete weltweite Rezession das Unternehmen an den Rand des Abgrunds bringt. Welche Maßnahmen müßten in diesem Falle ins Auge gefaßt werden?
- Szenario Nr. 3 legt, unter Verwendung der faktisch vorhandenen Zahlen, die Firmenpolitik für das kommende Jahr fest.

Der Wert dieser Denkübungen besteht darin, daß man nicht von irgendwelchen außergewöhnlichen Ereignissen, positiver oder negativer Art, überrascht werden kann. Man hat ja etliche notwendige Maßnahmen denkerisch vorweggenommen und kann deshalb relativ schnell und flexibel auf eine neue Situation reagieren — ohne Panik!

3. Beispiel aus der Praxis

Im Februar 1982 half ich als Berater einer Baufirma, eine Firmenphilosophie zu entwerfen. Die Firma, nahezu 100 Jahre alt, will ich einmal Bayern-Bau nennen. Nach einer knapp zweitägigen Arbeitssitzung, wobei in der ersten Nacht bis 2.30 Uhr morgens heftig diskutiert wurde, hatten sich alle 22 Teilnehmer, aus Geschäftsleitung und Prokuristenebene, auf folgendes Papier geeinigt:

Die Unternehmensziele der Bayern-Bau

- Erhaltung der Unabhängigkeit und Hebung der Leistungsfähigkeit des Unternehmens.

- Sicherung und Steigerung der Finanzkraft für in die Zukunft gerichtete Investitionen — auch bei steigenden Preisen — durch Vermehrung des Vermögens für die Unternehmung.
- Angebot zukunftssicherer Arbeitsplätze für die Mitarbeiter mit der Möglichkeit der freien Entfaltung der einzelnen.
- Angemessene, branchenübliche Verzinsung des zur Verfügung gestellten Kapitals für die Gesellschafter.

Wie sind diese Ziele zu erreichen?

- Der Wille, die Leistungsfähigkeit zu steigern und damit unabhängig zu bleiben und zu überleben, muß in der gesamten Firma vorhanden sein — von der Geschäftsleitung bis zum Hilfsarbeiter.
- Es muß ein Firmenbewußtsein erzeugt und gepflegt werden: „Wir Bayern-Bauer stehen zusammen!" Dazu ist eine regelmäßige, gegenseitige, durchdringende Information zum stärkeren Zusammenschluß der gesamten Belegschaft erforderlich.
- Firmenziele, vor allem diejenigen mittelfristiger Art, müssen den Mitarbeitern erläutert werden, damit jeder weiß, was er auf *seinem Platz* tun kann, um diese Ziele zu erreichen.
- Die bei der Bayern-Bau vorhandenen Reserven aller Firmenangehörigen an Leistungsfähigkeit und Kreativität müssen mobilisiert werden. Vor allem muß versucht werden, technische Innovationen voranzutreiben und Marktlücken zu erkennen bzw. auszunützen.
- Das Management muß sich seiner Verantwortung für das Betriebsklima bewußt sein. Eine menschliche Atmosphäre, geprägt von Toleranz und Hilfsbereitschaft, muß die Firma für unsere in- und ausländischen Mitarbeiter zu einer emotionalen Heimat machen.
- Der engagierte und leistungswillige Mitarbeiter muß wissen, daß die Firma alles tun wird, seinen Arbeitsplatz zu erhalten und ihm stets die Chance bietet, sich als Mitarbeiter und Mensch weiterzuentwickeln.

Wenn wir uns nicht selbst aufgeben, die Nase immer im Wind haben und zusammenhalten, werden wir als Bayern-Bau auch das Jahr 2000 unbeschadet erleben!

(So weit das erstmalig in der Firmengeschichte erarbeitete „Leitbild". Es hat während der inzwischen vergangenen acht Jahre entscheidend zur Konsolidierung der Firma und deren Durchsetzungsfähigkeit auf dem Markt beigetragen.)

4. Resümee Nr. 2:

- Wer als Manager Karriere machen will, sollte sich dazu ein Unternehmen aussuchen, dessen Firmenphilosophie mit seiner persönlichen Weltanschauung harmoniert.
- Wenn ein Unternehmen überhaupt keine Firmenphilosophie aufweist, ist dies immer verdächtig: Es läßt darauf schließen, daß keine ethische Basis vorhanden ist; und daß die Personalpolitik je nach Situation stark variieren wird. Das heißt, Mitarbeiter werden oft nur als lästige, Kosten verursachende „Problemfälle" betrachtet. In diesem Klima kann auch der ehrgeizigste Manager nicht gedeihen: eine Crew wird nicht entstehen, die über einen längeren Zeitraum *mit ihm gemeinsam* überdurchschnittliche Leistungen erbringt.
- Wenn keine, durch eine klare Firmenpolitik untermauerte Richtung vorgegeben wird, wird ein Großteil der Manager nur seinen persönlichen Vorteil im Auge haben und sich keinen Deut um die Förderung der Mitarbeiter kümmern.
- Ein Unternehmen, in dem vom „Mann an der Spitze" keine Firmenphilosophie vorgelebt wird, ist in unserer Zeit des Wandels anachronistisch und sollte von karriereträchtigen Jung-Managern wieder verlassen werden, wenn sie nichts Neues mehr dazulernen können. Es ist auch davon abzuraten, sich durch Versprechungen halten zu lassen: Wie schnell sind zehn Jahre vorbei — und dann ist unser „Jung-Manager" keiner mehr! Und hat Schwierigkeiten, mit seiner geringen praktischen Erfahrung eine interessante neue Aufgabe zu finden.
- Als Pyramidenkletterer, der *unbedingt* nach oben kommen will, ist ein „heiliger Egoismus" angezeigt! Versprechungen bringen nichts, nur knallharte Verträge mit klar skizzierten Aufstiegschancen!
- Man verlasse sich als aufstrebender Manager niemals auf die Dankbarkeit der Firma! Die Undankbarkeit der Geschäftsleitung gegenüber ihren Mitarbeitern, auch gegenüber dem Management, ist systemimmanent. Der Slogan „Unsere Firma ist eine große Familie" erweist sich in aller Regel als lügnerische Schutzbehauptung.
- Ein Unternehmen ist gegründet worden, um Geld zu verdienen, d. h., um Gewinne zu machen. Die Mitarbeiter sind allein Mittel zum Zweck: sie helfen mit, einen möglichst hohen Gewinn zu erwirtschaften.
- Jedes Unternehmen, das den Status des Familienbetriebes hinter sich gelassen hat, braucht Kapitalgeber. Diese stellen ihr Geld nur zur Verfügung, um eine möglichst hohe Rendite zu erzielen. Die innere Verfassung „ihres" Unternehmens ist ihnen gleichgültig, solange die Dividende regelmäßig in der erwarteten Höhe ausbezahlt wird.

- Jeder aufstrebende Manager sollte also von Zeit zu Zeit eine „Güterabwägung“ anstellen:
  * Macht mir meine Arbeit Spaß?
  * Wachse ich durch meine Tätigkeit als Persönlichkeit?
  * Wird meine Leistung anerkannt: stimmt also meine „Geltungsbilanz“?
  * Erhalte ich eine meinem Einsatz adäquate Bezahlung?
  * Was geschieht in diesem Unternehmen mit Managern in der Midlife crisis? Werden sie ausgemustert — und wie? Mit anderen Worten: Wie sieht möglicherweise meine Zukunft aus, wenn ich mich 20 Jahre für die Firma kräftemäßig verausgabt habe? Wurde seitens der Geschäftsleitung Vorsorge getroffen, „ausgebrannten“ Managern durch eine zusätzliche Versicherung bzw. durch eine Art Pensionsfonds den sorgenfreien Übergang in die „Frühinvalidität“ zu gewährleisten?
- Fazit Nr. 1: Wenn das „Wertsystem“ des Unternehmens ausschließlich auf Gewinnmaximierung beruht und das des angestellten Managers ausschließlich auf der Ausübung von Macht, in Verbindung mit einer möglichst hohen Dotierung — *dann sind sich beide Teile nichts schuldig!* Jeder arbeitet, stramm egoistisch, auf die Befriedigung seiner Bedürfnisse hin und wird den Ansprüchen des anderen nur gerecht, wenn er nicht darum herumkommt. Eine derartige „Zusammenarbeit“ wird auch leicht wieder gelöst.
- Fazit Nr. 2: An die Tätigkeit eines Managers mit Illusionen heranzugehen, ist der größte Denkfehler, den sich ein künftiger „Aufsteiger“ leisten kann. Bei Anheuerung in einem internationalen „Multi“ gilt eher Dantes Warnung über dem Eingang zur Höllenpforte: „Laßt jede Hoffnung hinter euch, Ihr, die Ihr eintretet!“

Notwendiger Nachsatz:

Die Statements im „Resümee Nr. 2“ gelten ausschließlich für Manager, die den Machtwillen und die Ausdauer aufweisen, nach ganz oben, zu den „Machern“, vorzustoßen; um sich in der illustren Gesellschaft von Männern und Frauen wie beispielsweise Indira Gandhi, Lee Iacocca, Helmut Kohl, Golda Meir, Akio Morita oder Margaret Thatcher zu befinden. Bei diesen „Gestalten der Weltgeschichte“ decken sich Staats- bzw. Firmenphilosophie mit der individuellen Weltanschauung in idealer Weise. Weil diese Philosophie vor allem auf einem Axiom beruht: *Basis jeder extremen Machtausübung ist die Menschenverachtung.* Wer diese Tatsache als Aufsteiger akzeptiert, verkaufe seine Seele etwa einem Öl-Multi, der seine Mitarbeiter (wie die gesamte Menschheit) allein als Mittel zum Zweck (des

Profitmachens) sieht und buchstäblich über Leichen geht: weil er Revolutionen und Kriege anzettelt, wenn es um Schürfrechte oder um die Ausbeutung vorhandener Ölquellen geht. Und der nicht nur die Natur, sondern auch seine Mitarbeiter, im Sinne des Wortes, ausbeutet: z. B. jene, die unter härtesten und menschenunwürdigen Bedingungen, unter ständiger Lebensgefahr, auf Bohrinseln arbeiten. Deshalb bezeichnen die Begriffe „Kapitalismus" und „Humanismus" absolute Gegensätze.

Wer andererseits a priori nicht mehr anstrebt als eine Position im Mittelmanagement, kann sich „humanes" Verhalten bis zu einem gewissen Grade leisten und seine Mitarbeiter zu beständig hohen Durchschnittsleistungen motivieren, weil er in seiner Mannschaft einen „Korpsgeist" initiiert und pflegt: alle sind stolz, gerade bei *diesem* Manager arbeiten zu dürfen.

SEKTOR II:

Zeit- und Personal-Management

1. Keine Minute verschenken!

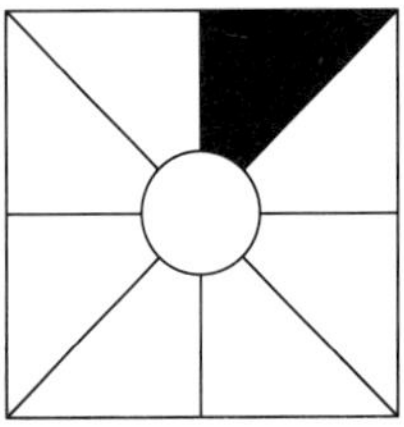

Die Glosse in einer deutschen Tageszeitung befaßte sich jüngst mit den letzten News aus den USA: danach arbeitet der Erfolgreiche immer und überall; er hat ein Feldbett im Büro und ein Mobiltelephon in der Golftasche. Um Zeit zu sparen, ißt man mittags nicht mehr mit Geschäftsfreunden. Man kann sie auch nicht in die Kantine einladen, da die Kantinen in manchen Firmen bereits durch Fitneßräume ersetzt worden sind, in denen es höchstens Sandwiches und Vitamingetränke gibt. Man nennt das „Power-Lunch".

Normalerweise ertüchtigt sich das Management nach Feierabend. Weil das nun während der Mittagspause geschieht, kann es am Abend länger arbeiten. Das Arbeitsleben durchdringt so die Freizeit, gliedert sie ein und frißt sie auf. Könnten wir nicht alles mit Geschäftsfreunden teilen? Unsere Rohkost, unser Mineralwasser sowieso — aber wieso nutzen wir die halbe Stunde beim Friseur nicht für ein Gespräch mit dem Auslandschef über die Entwicklung der Filiale in Tokio? Warum nicht eine gemeinsame Lymphdrainage in der Beauty-Farm mit den Herren vom Controlling? Warum machen wir aus unserem Leben nicht ein Geschäftsleben im umfassenden Sinn?

So weit die Gedankengänge eines Journalisten zu der Tatsache, daß wir alle immer weniger Zeit haben. Sogar Rentner können nicht mehr kurzfristig eingeladen werden, weil sie sich schon in die Zukunft verplant haben. Und die Manager erst . . .

Was Zeit eigentlich ist, darüber wird gestritten. Die einen behaupten, es handle sich um etwas kontinuierlich Dahinfließendes, während andere behaupten, von kontinuierlich könne keine Rede sein: einem fröhlichen Menschen vergehe die Zeit viel schneller als einem Deprimierten, für den sie sich ewig hinziehe. Für die Management-Praxis ist mit solchen Diskussionen nichts getan. Dennoch sollten wir zwei Gegebenheiten nicht geringschätzen:

- Zeit ist abhängig von einem bestimmten Bewußtseinszustand.
- Zeit hat immer zu tun mit Tod.

Das Problem der Zeit des Menschen ist sein Tod. Wenn beispielsweise ein aktiver und effizienter Politiker mit 48 Jahren einem Attentat zum Opfer fällt, dann spricht die Art und Weise, wie er die ihm zugemessen gewesene Zeit genutzt hat, nachträglich noch für oder gegen ihn. Seine Bedeutung (und sein Andenken) ergibt sich für die überlebenden Zeitgenossen aus seiner Lebensleistung, das heißt aus der bewältigten Arbeit in der ihm zur Verfügung gestandenen Zeit.

Das gleiche gilt für *jeden* Manager, ob auf der politischen oder wirtschaftlichen Bühne. So ein Mensch strebt ein bestimmtes Ziel an; bis zu welchem Grade er es allerdings erreichen wird, kann er nie mit Sicherheit wissen, weil er nicht weiß, wann sein letztes Stündlein geschlagen hat. Aus diesen (etwas philosophischen) Überlegungen ergeben sich folgende Konsequenzen:

- Ein aktiver Mensch/Manager sollte stets überlegen, welche Aufgaben *wirklich wesentlich* sind und deshalb zuerst angepackt werden sollten. Oder, als Frage formuliert: Für welche Aufgaben *muß* ich Zeit haben?
- Von den vielen *sekundären Aufgaben* gebe ich ab, was immer ich kann.
- Da der „Fluß der Zeit" immer von einem bestimmten Bewußtseinszustand abhängt, *versuche ich Aufgaben, die mich frustrieren, auf jeden Fall und für immer loszuwerden.*
- Ich gehe (mit Hilfe der Sekretärin) konsequent auf Suche nach „Zeitkillern" und merze sie aus; z. B. unnötige Telefonate und Besprechungen, die zu keinem Ergebnis führen, weil sie unzureichend vorbereitet worden sind.
- Da ein Manager für das Nachdenken bezahlt wird und nicht für das Produzieren, installiere ich — als feste Einrichtung! — die *tägliche Stunde zu ungestörtem Nachdenken*, und zwar während der regulären Arbeitszeit.

Das sind die Basis-Überlegungen zur Verwendung meiner Manager-Zeit. Nun gibt es weitere hilfreiche „Durchführungstips" zur Vermeidung von Fehlzeiten, z. B.:

- Einbeziehen der biologischen Leistungskurve in den Tagesablauf.
- Gezieltes Abwechseln der einzigen Tätigkeiten, um der Ermüdung vorzubeugen.
- Aufbrechen von größeren Arbeitsblöcken in „handsame" Portionen.
- Benützen eines Personal-Computers, um Ideen festzuhalten und später daraus ein „Primär-Memo" zu kombinieren, das von einem Assistenten oder der Sekretärin weiterentwickelt werden kann. (Stets daran

denken: Sie sind als Chef der Ideenkreierer — die anderen setzen sie in die Realität um!)

- Wenn Sie über einem Problem in das „Kreisdenken" geraten sind und nicht mehr herauskommen, besprechen Sie das Problem — ohne Vorbereitung! — mit einem befähigten Mitarbeiter oder mit Ihrer Sekretärin, oder mit beiden. Aber lassen Sie sich nicht zu einem „Gruppenpalaver" hinreißen — das bringt nichts!

Und nun, verehrte Leser (beiderlei Geschlechts), gebe ich Ihnen noch zwei Tips mit auf den Weg:

- Falls das Zeiteinteilen schon immer Ihre Schwäche gewesen ist, dann vertrauen Sie sich einem wirklichen Fachmann an, der Ihnen — ein für allemal — auf die Beine hilft. Zum Beispiel dem Prof. Lothar J. Seiwert, dem wohl besten Zeit-Experten im deutschsprachigen Raum (siehe Literaturverzeichnis).
- Wenn Sie wissen wollen, mit welchen Tätigkeiten Sie „Zeit verwüsten", wie die Amerikaner sagen, dann machen Sie mit Ihrer Sekretärin „einen Deal": Lassen Sie sie eine Woche lang Buch führen, was Sie tun — *auf die Minute genau!* Sie werden sich wundern, was bei dieser Inventur herauskommt!

Ich komme nun zu einem weiteren Rat, der — was Sie persönlich betrifft — mit einem altbekannten Übel aufräumen soll: nämlich mit der Tatsache, daß Manager nichts lesen.

Wir leben in einer Zeit des Wandels. In unserem „Informationszeitalter" werden wir mit Informationen überschwemmt und verlieren, bei ca. zehntausend Buchneuerscheinungen in deutscher Sprache pro Jahr, ganz einfach die Übersicht — selbst wenn wir uns darum bemühen! Andererseits gibt es in der Tat Bücher, die man als Manager gelesen haben sollte, um den Anschluß an das „Neue Denken" zu gewinnen und zu behalten. Zu diesen Büchern gehören (nach meiner persönlichen Meinung!) beispielsweise die folgenden:

- Capra, Fritjof: Das neue Denken. Bern/München/Wien 1987
- Galbraith, John K.: Anatomie der Macht. München 1987
- Hormann/Harman: Future Work. Landsberg 1990
- Lutz, Rüdiger (Hrsg.): Pläne für eine menschliche Zukunft. Weinheim/Basel 1988
- Mann, Rudolf: Das ganzheitliche Unternehmen. Bern/München/Wien 1990
- Peters/Waterman: Auf der Suche nach Spitzenleistungen. München 1990

- Scheidt, Jürgen vom (Hrsg.): Konzepte für die Zukunft. Landsberg 1990
- Vester, Frederic: Neuland des Denkens. Stuttgart 1980.

Sollten Sie jetzt entsetzt rufen: „Ja, wann soll ich denn diese Bücher lesen?", so ist meine Antwort: *„Lassen Sie lesen!"* Mieten Sie sich einen intelligenten Studenten beim Schnelldienst. Der soll für Sie diese Bücher lesen und über jedes Buch eine dreiseitige Inhaltsangabe erstellen: Hauptgesichtspunkte, Tendenzen, Ratschläge für die Praxis. Dann sind Sie up to date und können mitreden! Und einzelne Bücher werden Sie dann tatsächlich selbst lesen, weil sie einfach zu wichtig sind, z. B. das von Peter und Waterman. *Wer in der heutigen Umbruchzeit nichts liest, hat keine Zukunft!*

Alvin Toffler, über dessen Gewichtigkeit als „Zukunftsautor" kein Wort verloren werden muß, stellt in seinem neuen Buch „Machtbeben" fest: Die Hebel der Macht, deren sich heute eine herrschende Elite bedient, bilden eine „Machttriade", die aus Gewalt, Reichtum und Wissen besteht. Und um keine Unklarheit aufkommen zu lassen, definiert Toffler ganz kühl: „In ihrer nacktesten Form bedeutet Macht den Einsatz von Gewalt, Geld und Geist (im weitesten Sinne), damit sich Menschen auf eine bestimmte Weise verhalten." Und nun qualifiziert Toffler:

* Hauptschwäche roher Gewalt ist ihre schiere Unbeweglichkeit. Sie kann nur zur Bestrafung genutzt werden. Kurzum: Sie ist *Macht minderer Güte.*
* Reichtum ist ein besseres Machtinstrument. Er kann positiv oder negativ eingesetzt werden und ist mithin viel schmiegsamer als Gewalt. *Reichtum erzeugt Macht mittlerer Güte.*
* *Macht höchster Güte* jedoch ergibt sich aus der Anwendung von Wissen. Sie setzt Effizienz voraus: Einsatz der geringsten Machtmittel zur Zielerreichung. Wissen kann oft dazu genutzt werden, daß die Gegenseite *gerne* tut, was man von ihr will — ja, daß sie meint, selbst auf die Idee gekommen zu sein.

Fazit: Aus dem Wissen als bloßer Zutat zu Geld- und Muskelmacht ist Wissen zum Wesen der Macht geworden. Es ist letztlich *der* Machtausdehner par excellence. Darin liegt der Schlüssel zum vor uns liegenden Machtbeben, und das erklärt, warum der Kampf um die Herrschaft über Wissen und Kommunikationsmittel auf der ganzen Welt zu toben beginnt.

2. Die Rolle der Sekretärin

Vielleicht wundert sich der eine oder andere Leser jetzt, daß ich die Sekretärin unter dem Stichwort „Zeitmanagement" behandle. Wer allerdings bereits mit einer Sekretärin effektiv gearbeitet hat oder wenigstens Gelegenheit hatte, eine Spitzensekretärin in der Zusammenarbeit mit ihrem Chef zu beobachten, der weiß, daß eine gute Sekretärin weitgehend für zwei Umstände den Ausschlag gibt: für das menschliche Klima in einer Abteilung und für die Nutzung der Zeit. Über die „Psychologie des Sekretariats" wollen wir uns päter unterhalten. Bleiben wir zunächst bei der Zeit.

Wie jedermann weiß, führt die Sekretärin den Terminkalender. Sie entscheidet also weitgehend, wer wann mit ihrem Chef sprechen darf. Indessen liegt dieser Terminfestlegung eine holistische Struktur zugrunde: Das heißt, daß ein Chef mit seiner Sekretärin regelmäßig besprechen sollte, welche Ziele er anstrebt, wie die Prioritäten sind und was verhindert werden sollte. Erst aus diesem Basiswissen heraus kann die Sekretärin entscheiden, wer immer Zugang zu ihrem Chef haben soll und wer, vielleicht als intellektueller Klugsnacker, ferngehalten werden muß. Desgleichen muß sie sich um gute Beziehungen zu den Sekretärinnen jener Chefs bemühen, mit denen ihr Chef ständig zu tun hat oder von deren Goodwill vielleicht die Karriere ihres Chefs mit abhängt. Im übrigen gilt für diese ganze Termingestaltung als eiserne Grundregel, daß der Chef auf Reisen nicht selbständig Termine macht, von denen seine Sekretärin erst später erfährt — wenn sie vielleicht so einen Termin bereits vergeben hat! Bei einem gut eingespielten Team Chef-Sekretärin ist immer die Sekretärin für die gesamte Terminplanung zuständig und verantwortlich.

Ein weiterer wesentlicher Punkt in der Arbeit einer Sekretärin ist die Einrichtung der Ablage. *Wie*, das heißt nach welchem System, abgelegt wird, sollte allein die Sekretärin entscheiden. Sie muß ja damit arbeiten — und deshalb sollte es auch in ihre Entscheidung gestellt werden, welches System angeschafft wird. Einkäufer, die immer nur „nach Billigkeit beschaffen", sind nicht geeignet, das optimale System zu kaufen.

Nun gibt es Gesichtspunkte bei der Beurteilung einer Sekretärin, die darüber entscheiden, ob sie ewig „Chefsekretärin" bleibt oder zur „Assistentin" aufsteigt. Ausschlaggebend sollte bei dieser Beurteilung (und der darauf fußenden Entscheidung) allein der Gedanke sein, daß ein Chef morgen tot sein kann. Wer weiß dann Bescheid über die zahlreichen Vorgänge, die in Arbeit sind? Wer hält die Verbindung mit jenen Führungskräften anderer Abteilungen oder bei Kunden, die an einem ressortübergreifenden Projekt beteiligt sind? Wer arbeitet den Nachfolger ein? Es ist in der Tat so: Erst beim Tode ihres Chefs erweist sich zuweilen der wirkliche Wert einer Sekretärin. Aus diesem Grunde sollte, und zwar im Firmeninteresse, eine Sekretärin durch regelmäßige Informationsgespräche über geplante und laufende Projekte zur Assistentin werden.

3. Zur Psychologie der Sekretärin

Sekretärinnen sind Menschen aus Fleisch und Blut mit typischen Bedürfnissen und einem (in der Regel) viel ausgeprägteren Gefühlsleben als ihr Chef. Viele Chefs scheinen dies aber noch nicht bemerkt zu haben und behandeln ihre „rechte Hand“ eher wie einen Hochleistungs-Computer, der nach Eingabe eines „Go!“-Befehls die gewünschte Leistung in Perfektion erbringt. Auch wenn Chefs in schöner Regelmäßigkeit aus der Presse erfahren, daß wieder eine vereinsamte Ministersekretärin als Spionin entlarvt worden ist, reicht diese Tatsache nicht zu einem Denkanstoß aus: Wie steht es eigentlich um das Gefühlsleben und das Selbstwertgefühl *meiner* Sekretärin?

Sekretärinnen kann man in zwei Typen einteilen: die Verheirateten und die Unverheirateten. Die *Verheirateten* müssen meist ein Zubrot verdienen, weil der Verdienst des Mannes nicht ausreicht, um sich den eingebildeten „standesgemäßen“ Lebensstandard leisten zu können. Meistens ist auch noch ein Kind da, so daß die typische Doppelbelastung zwischen Beruf und Hausfrau diese Frauen langsam, aber sicher ruiniert. Da die Arbeit in der Familie in der Regel vom Ehemann nicht gewürdigt wird, sucht so eine Ehefrau ihr Selbstwertgefühl durch besonders gute Leistungen in der Firma aufzurichten. Der Effekt ist meistens, daß sie nach 15 Jahren „ausgebrannt“ ist: ihr Chef stellt (bei sich) fest, daß Frau X. auch nicht mehr das ist, was sie einst war ... Und der Ehemann tauscht, wenn er es sich finanziell leisten kann, seine „verbrauchte Alte“ gegen eine jüngere aus oder geht wenigstens regelmäßig fremd, „solange das Lämpchen noch glüht“. *Fazit:* Wer als Chef den eben beschriebenen Typ Sekretärin zur Verfügung hat, ist gut bedient: so eine Frau wird sich für ihn aufopfern, stets bemüht sein, Bestmögliches zu leisten und unbedingt loyal zu sein. Im übrigen verbreitet sie oft ein „mütterliches“ Klima in der Abteilung. Doch in den Rang einer Assistentin wird sie sich nie hocharbeiten können. Weil, wie Bert Brecht schon treffend festgestellt hat, „die Verhältnisse nicht so sind“.

Die Spitzensekretärin, die der schon beschriebenen Assistentin entspricht, ist in der Regel unverheiratet. Sie spielt ihre Sexualität herunter und gehört zuweilen zum Typ „geschlechtslose Arbeitsbiene“. Ihr Leitmotiv heißt „Geltungsbedürfnis“, manchmal auch „Machtstreben“. Sie besucht regelmäßig Seminare oder Fortbildungskurse, um immer besser zu werden. „Sternstunden“ ergeben sich, wenn sie mit ihrem Chef zu Symposien oder Kongressen fahren darf und dort zeigen kann, daß sie auch eine „Grand Dame“ ist. Wobei sie klug und selbstdiszipliniert genug ist, sich (und ihrem Chef oder dessen Kunden) auch nach einem ausgiebigen Aufenthalt an der Hotelbar niemals auch nur die geringste sexuelle Freiheit zu gestatten.

Da niemand, der durch seine Gene sexuell stark geprägt ist, leben kann, ohne für die Abfuhr dieser Energien zu sorgen, sind manche Sekretärinnen lesbisch und leben mit einer Freundin zusammen. Oft mit einer geschiedenen Frau mit Kind, so daß sie als „gute Tante“ auch noch eine Art Mutterrolle erleben können. Jedenfalls sind diese „Spitzenfrauen“ meistens nicht nur beruflich Asse, sondern zeichnen sich durch eine erstaunliche menschliche Reife aus. Sie sind sich darüber im klaren, daß sie *diesen* Beruf freiwillig gewählt haben — und welchen Preis sie dafür bezahlen müssen. Ich habe Vorstands-Sekretärinnen erlebt, die ich „unbesehen geheiratet“ hätte, wenn dies zur Debatte gestanden hätte.

4. Neuer Chef im neuen Umfeld

Es gibt eine Situation, in der das spontane Aufeinandertreffen eines Chefs mit seiner neuen Sekretärin über seine weitere Karriere entscheiden kann. Zum Beispiel, wenn ein (sagen wir mal Verlagsleiter) von einem Verlag zum anderen wechselt. Dann findet er in der Regel in seinem neuen Wirkungskreis bereits eine eingearbeitete und wohlinformierte Sekretärin vor — mit der er auskommen *muß*!
Ganz allgemein gelten für den Eintritt eines neuen Chefs in eine Firma folgende Grundbedingungen:

- Er muß sich den neuen Mitarbeitern, auch wenn er deren Vorgesetzter geworden ist, in einer Art „Demutshaltung“ nähern. Wenn er am ersten Tag bereits renommiert, was er in der alten Firma für Höchstleistungen vollbracht hat und vielleicht seine Unsicherheit durch eine gewisse Arroganz zu kaschieren versucht — dann richten sich alle auf „Machtspielchen“ ein.
- Wenn Frauen als „neue Chefin“ in einer Firma auftauchen, haben sie es viel schwerer als Männer. Denn sie werden in der Regel von beiden Geschlechtern nicht akzeptiert. Da hilft, nach meiner Erfahrung, nur folgendes Procedere:
  - * durch Sachkompetenz überzeugen;
  - * fair und emotionslos agieren;
  - * nur an den Leistungen orientiert einzelne Mitarbeiter loben oder kritisieren;
  - * alle Versuche zurückweisen, „vertrauliche Informationen“ über Dritte hinterbracht zu bekommen;

* mit zunehmender Selbstsicherheit gelegentlich Gefühle zeigen;
* allmählich in der Gruppe den Eindruck entstehen lassen, daß man die Bewältigung der anstehenden Aufgaben und Probleme als *Teamarbeit* begreife;
* bei diesem Stand der Dinge die Gruppe zu einem „Pizzaessen" einladen und solcher Art demonstrieren, daß man „auch Mensch sei" — nicht nur Chefin!

- Da die Zusammenarbeit mit der bereits vorhandenen Sekretärin der wichtigste Punkt überhaupt ist, empfehle ich, *dies der künftigen „rechten Hand" auch zu sagen.* Und zwar im Rahmen eines „festlichen" Abendessens in einem First-Class-Restaurant. Bei diesem Meeting, das *vor* dem offiziellen Dienstantritt erfolgen muß, sollte der neue Chef zunächst etwas über seinen beruflichen Werdegang und über seine Familie erzählen. Er kann dann mit ähnlichen Eröffnungen von seiten der Sekretärin rechnen. Dann sollte der „Neue" um Informationen bitten: Wer ist die stärkste Führungspersönlichkeit in der Firma bzw. in dem Bereich, dem sie beide angehören? Wen muß man möglicherweise mit Vorsicht genießen? Wer von den Führungskräften gilt als konservativ, wer als aufgeschlossen für Neuerungen? Was ist der nächsthöhere Chef, dem ich zu berichten habe, für ein Typ?
- Schließlich sollten bei einem derartigen Gespräch von seiten des neuen Chefs auch seine *Schwächen* angesprochen werden: auf welchem Teilgebiet er sich möglicherweise noch etwas unsicher fühle, weil bestimmte Probleme in seinem früheren Aufgabenkreis nicht relevant gewesen waren. Im übrigen wolle er nicht alles von zuunterst nach oben kehren, sondern erst einmal feststellen, wie bisher „der Hase gelaufen" sei. Allerdings müsse er zugeben, daß er, wenn er eine Sache in Angriff genommen habe, sehr ungeduldig sein könne und zuweilen Mitarbeiter vor den Kopf stoße — auch seine Sekretärin! Er bitte deshalb jetzt schon um Entschuldigung, falls ihm ihr gegenüber so etwas passieren sollte. Es sei sein Bestreben, das Selbstwertgefühl seiner Mitarbeiter nicht zu verletzen — das gelte natürlich ganz besonders gegenüber ihr, seiner „rechten Hand"! *Realistische Anmerkung:* Falls Sie, mein(e) Leser(in), noch ein echtes Greenhorn sind, der/die sich gerade anschickt, die erste Stufe der Pyramide zu erklimmen und durch Bewerbung in eine neue Firma vom Sachbearbeiter zum Vorgesetzten zu avancieren: lesen Sie das oben Gesagte „cum grano sale", das heißt kritisch. Es ist ja kein Patentrezept, die neue Sekretärin in ein teueres Restaurant zu führen. Aber: Sie sollten sich *unbedingt* darüber den Kopf zerbrechen, wie so ein erstes Zusammentreffen, in einem „normalen" Rahmen, über die Bühne gehen könnte! *Mißverständnisse entstehen in erster Linie deshalb, weil man sich zu wenig kennt. Nehmen Sie also dieses Kennenlernen vorweg: Sie werden dann, mit einem*

guten Gefühl der Sicherheit, an Ihrem ersten Arbeitstag in Ihrem Büro erscheinen und mit einer Dame, deren Ambitionen Sie wenigstens schon in etwa kennen, die Arbeit beginnen können.

5. Wenn eine Beförderung das Umfeld verändert

Während meiner Außendienstzeit wurde ein Ereignis für mich zum Schlüsselerlebnis, das ich später zu einem Rollenspiel in meinen Seminaren umgearbeitet und oft durchgespielt habe. Ich bringe die Anweisungen für die Spieler, der Einfachheit halber, gleich an Hand meiner Seminarunterlagen:

Einführung in den Fall (für alle Teilnehmer).

Gebietsverkaufsleiter haben zuweilen Profilierungsschwierigkeiten, weil sie aufgrund der Beförderung plötzlich Vorgesetztenfunktionen ausüben müssen; und zwar gegenüber Kollegen, mit denen sie jahrelang als Bezirksvertreter zusammengearbeitet haben und oftmals sogar befreundet sind. Der vorliegende Fall beruht auf den Spannungen zwischen einem vor sechs Monaten zum Gebietsverkaufsleiter (GVL) beförderten Manne und einem Kollegen, mit dem ihn eine dicke Freundschaft verband.

Rolle für den GVL Wolfgang X.

Sie sind vor sechs Monaten zum GVL befördert worden und seitdem für neun Mitarbeiter verantwortlich. Die Umstellungsschwierigkeiten waren doch größer, als Sie sich vorgestellt hatten. Sie haben sich nur durch Einsatz von viel Zeit und Energie in Ihrer neuen Position etablieren können. Ohne die tatkräftige Unterstützung durch Ihren Vertriebsleiter wäre das ganze Unterfangen möglicherweise mißlungen. Es ist halt doch zweierlei: einen Bezirk zu bearbeiten oder Menschen zu führen!

Eigenartigerweise erwuchsen Ihnen Schwierigkeiten aus einer Richtung, von wo Sie sie am wenigsten erwartet hatten: Der Kollege Martin, mit dem Sie seit Jahren befreundet sind, stellt sich quer. Früher haben Sie jedes zweite Wochenende mit ihm und seiner Familie verbracht; bei einem seiner Söhne sind sie Taufpate. Durch die Mehrarbeit, die mit der Beförderung auf Sie zukam, vor allem durch den Papierkrieg, haben Sie sich an den Wochenenden zu Hause hingesetzt und gearbeitet. Dadurch ist der private Kontakt zu Martin fast ganz zum Erliegen gekommen. Als Sie, nach längerer Pause, vor 14 Tagen mal wieder ein Wochenende bei Martin verbrachten, machte Ihnen dieser und seine Frau Vorwürfe: seit der Beförderung seien Sie ein anderer Mensch geworden! Sie würden jetzt ganz anders denken! Offensichtlich hätte man in der Zentrale eine Gehirnwäsche mit Ihnen durchgeführt! Ihre Frau griff auch in die Diskussion ein, um Sie zu verteidigen — und schließlich ging man auseinander, ziemlich angetrunken und mit einem schalen Geschmack auf der Zunge . . .

Nun haben Sie als GVL Dinge festgestellt, von denen Sie früher nichts wußten. So z. B., daß ihr ehemaliger Freund seine Touren nicht exakt plant und mehr nach Lust und Laune (und nach den Wetterverhältnissen) durch die Weltgeschichte reist. Außerdem nimmt er manchmal seine Frau mit; vor allem dann, wenn er durch eine landschaftlich reizvolle Gegend fährt. Dabei macht er ausgedehnte Kaffeepausen in schön gelegenen Ausflugslokalen. Schließlich ist Martin der Meinung, daß 50% des von der Zentrale verlangten Papierkrieges unnötig seien; um zu beweisen, daß dieser Papierkrieg volumenmäßig nicht zu schaffen sei, macht er „Dienst nach Vorschrift" und liefert seine Berichte immer zu spät ab, was Ihnen wieder Schwierigkeiten von seiten des Vertriebsleiters einbringt.

Als Schlimmstes empfinden Sie jedoch, daß die Haltung Ihres früheren Freundes zum Teil auf die Gruppe abfärbt. Bei der letzten Regionaltagung wurden Sie von einigen Mitarbeitern des öfteren ostentativ mit „Herr Gebietsverkaufsleiter" angeredet — eine nicht zu überhörende Warnung der Gruppe!

Sie gehören nicht zu jenen Menschen, die bei Schwierigkeiten immer Hilfe „von oben" anfordern. Bevor Sie dem Vertriebsleiter berichten, welche Schwierigkeiten Ihnen Ihr ehemaliger Freund macht, wollen Sie in einem Gespräch letztmalig versuchen, sich mit Martin in fairer Weise zu arrangieren.

Rolle für den Bezirksvertreter Martin Y.

Sie arbeiten seit knapp vier Jahren als Bezirksvertreter. Sie haben immer gute Leistungen erbracht — wenn Sie auch niemals unter den ersten Drei auf der „Rennliste" waren. Daran liegt Ihnen nichts. Sie führen eine sehr gute Ehe, haben zwei reizende Kinder und halten sehr viel von „Lebensqualität". In dieser Einstellung waren Sie sich auch immer mit Ihrem ehemaligen Kollegen Wolfgang X. einig, der vor etwa sechs Monaten zum GVL befördert worden ist. Mit diesem Manne verband Sie eine dicke Freundschaft. Ihre beiden Familien verbrachten jedes zweite Wochenende miteinander; Wolfgang X. ist außerdem Taufpate Ihres zweijährigen Söhnchens.

Seit der Beförderung hat sich Ihr Freund verändert. Angeblich hat er keine Zeit mehr für die Treffs am Wochenende — im letzten halben Jahr fanden nur noch zwei Familienkontakte statt. Vor 14 Tagen, beim letzten Treff, als alle schon etwas getrunken hatten, kam es zu einer erregten Auseinandersetzung. Sie (und Ihre Frau) warfen Wolfgang X. vor:

- er brenne plötzlich vor Ehrgeiz und hätte um seiner Karriere willen all jene Grundsätze hinsichtlich „Lebensqualität" über Bord geworfen, die vorher die Basis Ihrer Freundschaft waren;

- er kehre Ihnen gegenüber jetzt den Vorgesetzten heraus und mische sich in Ihre Tourenplanung ein; Sie stehen aber auf dem Standpunkt, daß Sie sich Ihre Arbeit einteilen können, wie Sie wollen — solange Sie Ihr Soll erbringen;
- er hätte ganz allgemein zu seinen früheren Kollegen, bei denen er immer beliebt gewesen sei, eine Distanz geschaffen, die ihn zwangsläufig immer mehr isolieren müsse; auf diese Weise werde er die Gruppe schwerlich motivieren können, in Zukunft höhere Leistungen zu erbringen.

Seit dieser Auseinandersetzung im privaten Kreise ist diese alte Freundschaft praktisch tot. Ihre Frau ist auch dieser Meinung. Jetzt hat Sie der „Herr Gebietsverkaufsleiter" zu einer Aussprache gebeten. Da wird sicherlich das ganze Problem nochmals durchgehechelt. Sie sind aber nicht bereit, Ihre Lebensphilosophie in Frage stellen zu lassen — nur damit der neue GVL Erfolge nachweisen kann! Soll er doch zusehen, wie er mit diesem „Führungsstil" zurechtkommt! Die Mehrzahl der Gruppe ist im übrigen Ihrer Meinung und signalisiert ihre negative Einstellung zum „veränderten Wolfgang" durch ein distanziertes und unterkühltes Verhalten ihm gegenüber. Möglicherweise wird Ihnen Wolfgang vorwerfen, Sie hätten die Gruppe gegen ihn aufgehetzt.

Soweit die „Original-Rollen". Vielleicht machen Sie sich, verehrte Leser, einmal Gedanken, wie Sie sich als „Wolfgang X." verhalten würden — denn nur auf dessen Verhalten kommt es im Rahmen unserer Thematik an. Zu welchem Ergebnis Ihre Überlegungen immer kommen mögen, folgende Punkte sollten Sie berücksichtigen:

- Jeder Mensch hat grundsätzlich das Recht, seine Meinung zu ändern; also muß der Entschluß eines Kollegen, von „Lebensqualität" auf „Karriere" umzuschalten, respektiert werden. Es besteht kein Grund, so einem Menschen einen „wankelmütigen Charakter" oder ähnliches vorzuwerfen.
- Wenn sich der Neubeförderte als „neuer Besen" benimmt, alles schlagartig anders machen will, als es bisher gewesen war, und *zu* betont auf Distanz zu seinen ehemaligen Kollegen geht — dann muß er mit dem massiven Widerstand der Gruppe rechnen.
- Wenn andererseits der Neubeförderte zunächst einmal alles beim alten läßt und erst nach und nach „umschaltet", falls Dinge — entsprechend den vorgegebenen Zielen — geändert werden müssen: dann wird er immer mit Unterstützung der Verständigen rechnen können.
- Im vorliegenden Fall ist der ehemalige Freund vor allem emotional betroffen: die früher so schöne Freundschaft mit ihm und seiner Frau ist quasi von einem Tag auf den anderen beendet worden. *Er hat, um*

mit Eric Berne zu reden, ein großes „weinendes Kind“ in sich — das müßte zunächst einmal getröstet werden.

- Die Aufgabe des neuen Gebietsverkaufsleiters in diesem Rollenspiel kann nur darin bestehen, den ehemaligen Freund zur Loyalität zu bewegen. Ist dieser dazu nicht bereit, *muß seine Entfernung aus der Gruppe ins Auge gefaßt werden*, falls er die Gruppe gegen ihren neuen Führer aufhetzt.

Letztlich geht es bei diesem Fall um das Dominanzstreben des Neubeförderten. Wie wichtig dieses als Eigenschaft eines Managers ist, geht u. a. daraus hervor, daß sich Psychologen dieses Themas weltweit immer mehr annehmen. Dazu ein Beispiel:

Vor einigen Jahren veröffentlichte das Harvard College eine Studie unter dem Titel: „Macht ist der große Motivator“. Autoren dieser Studie sind der international renommierte Psychologieprofessor David D. McClelland und der Präsident einer Bostoner Beratungsfirma, David H. Burnham. Nun, zu welchen Ergebnissen sind die beiden Autoren gekommen?

Zunächst wird untersucht, was erfolgreiche Manager in erster Linie aktiviert, nämlich: *das Bedürfnis nach Leistung*. Oder, anders formuliert: solche Menschen haben den Wunsch, Dinge besser und effizienter zu gestalten als bisher. Aber: Der Leistungsmotivierte will gerne alles selbst erledigen, weil er darauf brennt, persönlich weiterzukommen; außerdem wünscht er sich ein — durch konkrete Zahlen untermauertes — Feedback, um demonstrieren zu können, wie gut er doch ist.

Ein Manager kann jedoch nicht alles allein bewältigen. Er muß andere anleiten, damit sie die Arbeit ausführen. Das Feedback via Leistung der Mitarbeiter wird weniger spürbar und erfolgt erst viel später. Somit — meinen die beiden Autoren — verlangt die Tätigkeit einer Führungskraft eher Personen, die andere zu beeinflussen vermögen, als Manager, die lieber alles allein machen wollen. In der Sprache der Motivation bedeutet das:

> **Ein erfolgreicher Manager besitzt ein stärkeres Bedürfnis nach Macht als nach Leistung.**

Bei den Untersuchungen der beiden Autoren an einer Reihe guter und schlechter Manager aus verschiedenen amerikanischen Großunternehmen schälte sich sehr rasch noch eine zweite Notwendigkeit für erfolgreiches Führen heraus:

> **Das Machtbedürfnis eines Managers muß stärker sein als der Wunsch, sich bei Mitarbeitern beliebt zu machen.**

Um kein einseitiges Bild zu bekommen, wenn nur die Chefs interviewt und getestet werden, entschlossen sich die beiden Autoren, auch das *Arbeits-*

klima in den Gruppen jener Manager zu untersuchen, die durchleuchtet wurden. Ergebnis:

Ein guter Manager verleiht seinen Mitarbeitern ein Gefühl der Stärke und Verantwortung. Er belohnt ihre Leistung angemessen und sorgt für eine Organisation, in der jeder seine Aufgaben kennt. In erster Linie aber muß er bei seinen Mitarbeitern einen Korpsgeist schaffen und ein Gefühl des Stolzes, einem bestimmten Team anzugehören.

Die Untersuchungen über die Arbeitsmoral von mehr als 50 Abteilungsleitern eines Großunternehmens untermauerten zudies jenes Faktum, das gleich zu Beginn der Studie in die Augen gesprungen war: bei 80% aller qualifizierten Verkaufsmanager war das Verlangen nach Macht stärker als der Wunsch, beliebt zu sein. *Und dieses Ergebnis kam aus Gruppen, die eine hohe Arbeitsmoral aufwiesen! Warum?*

Damit eine Bürokratie reibungslos funktioniert — schreiben McClelland und Burnham —, müssen ihre Führer Regeln umfassend anwenden. *Lassen Sie Ausnahmen zu, zerbröckelt das System.*

Der „geselligkeitsorientierte" Manager, d. h. jener, der bei seinen Mitarbeitern beliebt sein will, will mit jedermann gut auskommen. Er neigt am ehesten dazu, Ausnahmen zu machen. Will beispielsweise ein Angestellter frei haben, um für seine kranke Frau und die Kinder zu sorgen, stimmt der geselligkeitsorientierte Manager ohne weiteres zu. Er fühlt Mitleid mit seinem Mitarbeiter.

Die Ergebnisse der vorliegenden Studie belegen jedoch, *daß Personen mit einem starken Geselligkeitsstreben keine guten Manager abgeben. Sie schaffen in ihrer Abteilung eine schlechte Moral, weil die übrigen Mitarbeiter Ausnahmen von den allgemeinen Gruppenregeln als ungerecht empfinden.*

Ich fasse zusammen, was Neubeförderte beachten sollten, wenn sie — oft überraschend wegen des unerwarteten Ausscheidens des bisherigen Gruppenleiters — *vom Kollegen zum Chef* geworden sind:

- In einer Aussprache sollte der neue Gruppenleiter klar definieren, welche Ziele er als Führungskraft überhaupt hat. Mit anderen Worten: Er sollte seine zukünftigen Ziele erläutern, ohne sich jedoch dafür zu entschuldigen, daß er sich befördern hat lassen.
- Er sollte die Erwartung aussprechen, daß er mit seinen bisherigen Kollegen eben so gut zusammenarbeiten werde wie bisher — schließlich seien sie ja alle noch die gleichen Persönlichkeiten wie vor seiner Beförderung.
- Da es nach wie vor Ziel der Gruppe sei, a*ls Gruppe gut abzuschneiden*, bitte er um die Unterstützung der Gruppe, wenn er gegenüber dem Vertriebsleiter in Schwierigkeiten gerate. Schließlich lerne niemand das

Führen von heute auf morgen — auch Fehlverhalten von ihm sei zu erwarten.

- Andererseits wolle er ganz klar feststellen, daß er sich nun mal zur Karriere entschlossen hätte und einen möglichen Widerstand eines früheren Kollegen gegen ihn als neuen „Chef" nicht hinnehmen würde. Er könne sich allerdings einen derartigen Vorfall nicht vorstellen, da ja bisher die Zusammenarbeit zwischen ihm und den Kollegen reibungslos funktioniert hätte. Und in diesem Sinne wollten sie jetzt seinen „Einstand" inhalieren . . .

Machen wir also wieder eine Zusammenfassung, nämlich das

6. Resümee Nr. 3

- Wer es nicht gelernt hat, seine Zeit einzuteilen und sein Verhalten im Büro ab und zu kontrollieren zu lassen, wird ins Schwimmen geraten.
- Manager, die täglich 10—12 Stunden im Büro verbringen, sind nicht besonders fleißig, sondern „Berufschaoten".
- „Memento mori!" (Gedenke des Todes!) war eine der weisesten Regeln römischer Philosophen. Da kein Manager weiß, wieviel Zeit ihm noch zugemessen ist, sollte er sich stets bemühen, das wirklich Wichtige *noch heute* zu erledigen oder wenigstens „anzustoßen", so daß etwas geschieht.
- Alle sekundären Aufgaben sollte ein Manager delegieren.
- Aufgaben, die einem Manager echt zuwider sind, sollte er endgültig loszuwerden versuchen.
- Die wichtigste Person zur Unterstützung eines Managers ist seine Sekretärin.
- Eine Sekretärin sollte bei Befähigung baldmöglichst in den Rang einer „Assistentin" überführt werden. Das bedeutet eine für alle Mitarbeiter wahrnehmbare Statusanhebung und eine Steigerung ihres Selbstwertgefühles. Sie wird es ihrem Chef durch optimale Leistung und unverbrüchliche Loyalität entgelten.
- Manager, die nicht lesen, werden unweigerlich in Leistung und Ansehen zurückfallen. Man miete sich deshalb einen Studenten (oder einen gebildeten Arbeitslosen) als Vor-Leser, der Exzerpte anfertigt.
- Ein Chef in einem neuen Umfeld, der z. B. durch Firmenwechsel einen ihm fremden Bereich einschließlich der Sekretärin seines Vorgängers übernimmt, hat eine „Primäraufgabe": mit seiner neuen Sekretärin ins

reine zu kommen. Wenn ihm dies nicht gelingt, wird er „10 Meter neben der Rampe starten“ müssen.

- Übernimmt eine Frau die Chefposition in einem für sie neuen Umfeld, sollte sie sich zunächst durch Sachkompetenz, Fairneß und emotionale Zurückhaltung Respekt verschaffen.

* Ein erfolgreicher Manager besitzt ein stärkeres Bedürfnis nach Macht als nach Leistung.

* Das Machtbedürfnis eines Managers muß stärker sein als der Wunsch, sich bei Mitarbeitern beliebt zu machen.

SEKTOR VI:

Rund um den Entscheidungsprozeß

1. Das Grundmodell

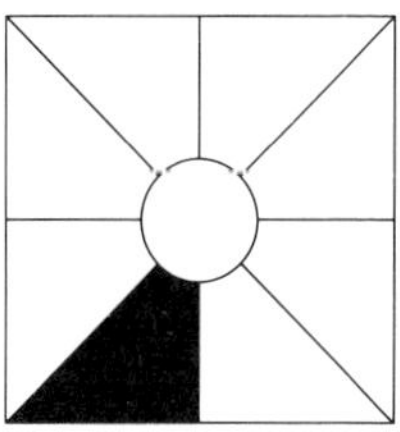

Heutige Manager verbringen sechzig bis siebzig Prozent ihrer Büroarbeitszeit mit Besprechungen. Das heißt, sie versuchen, Entscheidungen mit anderen zusammen vorzubereiten oder zu fällen. Es empfiehlt sich daher, zunächst einmal den Entscheidungsprozeß als solchen etwas zu durchleuchten. Man spricht in der Management-Theorie mit Recht von einem Entscheidungs*prozeß*, weil das Entscheiden ja niemals eine „punktförmige" Angelegenheit ist, sondern in Stufen oder Phasen verläuft. Jede dieser Phasen ist in hohem Maße für kognitive (= denkmäßige) und psychologische Störungen anfällig. Es herrscht heute Einigkeit darüber, daß jeder Entscheidungsprozeß in etwa dem folgenden Ablaufschema in drei Phasen entspricht:

Phase 1: Ein Problem taucht auf. Man versucht zunächst, dieses Problem zu analysieren bzw. zu definieren. Dann sammelt man — möglichst viele — Informationen, die mit dem Problem in Beziehung stehen. Aufgrund der gesammelten Informationen erweist sich zuweilen, daß das Problem viel komplexer oder ganz anders gelagert ist, als man ursprünglich glaubte. Oft wird bereits in dieser Primärphase deutlich, daß man zunächst das eigentliche Problem gar nicht erkannt hatte, *sondern ein Symptom für das Problem selbst gehalten hatte.* Das kann dazu zwingen, das Problem noch einmal definieren zu müssen. Ist diese Definition geglückt, überlegt man sich mögliche Lösungen, um das Problem aus der Welt zu schaffen.

Phase 2: Jetzt tauchen bereits erste Schwierigkeiten auf, mit denen kein Mensch gerechnet hatte. Die zur Verfügung stehenden Informationen und die daraus konzipierten möglichen Lösungen werden nämlich auf zweierlei Art verarbeitet:

1. denkerisch (kognitiv),
2. emotional.

Doch auch die kognitive Verarbeitung läßt noch Variationen zu; bekanntlich gibt es „analytische" und „schöpferische" Denker; oder, anders formuliert: Menschen, die mehr abstrakt, das heißt in Symbolen, denken und solche, die bildhaft (ikonisch) denken. Welche Art von Denken ein Mensch bevorzugt, ist das Ergebnis der Erziehung von Elternhaus und Schule bzw. Hochschule.

Nun haben sich — bei beiden Arten der Problemverarbeitung — ganz bestimmte Spielregeln herauskristallisiert. *Bei der kognitiven Verarbeitung versucht man im allgemeinen, die vorhandenen Informationen zu differenzieren:* ist eine Information für das anstehende Problem wirklich wesentlich — oder kann man sie unter den Tisch fallen lassen? Welcher Stellenwert kommt den übrigen Informationen zu? Das heißt, man geht bei dieser Prozedur von der Annahme aus: je differenzierter die Information, desto objektiver die Entscheidung. *Ein Prinzip übrigens, für das „schnelle Entscheider“ nur Verachtung übrig haben.*

Eine große Rolle spielt bei der kognitiven Verarbeitung auch das **Timing**: *Wieviel Zeit habe ich für die Entscheidungsfindung überhaupt zur Verfügung?* Beziehungsweise: welcher Zeitpunkt ist, im Rahmen der Gesamtaktivitäten eines Unternehmens, der optimalste für die Entscheidung? Zum Beispiel hinsichtlich seiner Konsequenzen für andere Subsysteme des Betriebes, oder für Termine im Markt, die unbedingt eingehalten werden müssen. Beispiel: Ein neues Produkt für das Weihnachtsgeschäft.

Schließlich spielt bei der kognitiven Verarbeitung auch die *Routine* eine große Rolle — der „Entscheidungsautomatismus“, der sich in vielen Unternehmen herausgebildet hat. Was ein neuer Mitarbeiter, besonders in Großunternehmen, in der Regel zuerst hört ist der Hinweis: „Bei uns macht man das so!“ Dies bedeutet in praxi eine Einengung der kognitiven Möglichkeiten überhaupt; oder, anders formuliert: eine willkürliche Beschneidung der Erarbeitung von Alternativen.

Endlich ist — für die kognitive Verarbeitung — noch auf ein Phänomen zu verweisen, das meistens übersehen wird: ich meine den „Positionseffekt“. Das bedeutet: der Stellenwert einer Information verändert sich reziprok zu ihrem zeitlichen Erscheinen: *die letzten Informationen erhalten ein überproportionales Übergewicht* und beeinflussen deshalb den Entscheidungsprozeß viel nachhaltiger als Informationen, die schon längere Zeit zur Verfügung stehen.

Wenden wir uns nunmehr der *emotionalen Verarbeitung* vorhandener Informationen bzw. angebotener Lösungsmöglichkeiten zu. Eine wesentliche Rolle spielt dabei die „Gestimmtheit“ eines Menschen, das heißt, die Summe aller „Anmutungen“ im Verlaufe seines bisherigen Lebens. Intelligente Menschen, die stolz auf ihren Verstand sind und auf ihre Fähigkeit, ihn kausal und logisch gebrauchen zu können, wollen diese Tatsache meist nicht wahrhaben. Dabei hat die Psychologie eindeutig nachgewiesen, daß Gefühle *alle* Informationen einfärben, die wir aus unserer Umwelt oder aus unserer Innenwelt aufnehmen; und damit auch alle Denk- und Entscheidungsprozesse beeinflussen. Es ist doch in der Tat nicht unwesentlich, ob ein Mensch in einer Konfliktsituation, die er durch eine Entscheidung auflösen muß, zu diesem Zeitpunkt optimistisch, depressiv oder aggressiv gestimmt ist — um nur einige wenige Möglichkeiten anzudeuten. Und aus dieser Gestimmtheit heraus ergeben sich die „emotionalen Erwartungen", mit denen sich ein Mensch in einen Entscheidungsprozeß begibt.

Eine überragende Rolle spielt bei der emotionalen Verarbeitung das *Bedürfnis nach Sicherheit*. Wie wir seit Maslows Untersuchungen wissen, steht das Bedürfnis nach Sicherheit hinter den physiologischen Bedürfnissen, die unsere nackte Existenz gewährleisten, an zweiter Stelle. Das heißt: *jeder Mensch in einem Entscheidungsprozeß wird — bewußt oder unbewußt — die Konsequenzen aus der Entscheidung hinsichtlich seiner persönlichen Sicherheit abwägen.* Fühlt er sich beispielsweise durch einen Imageverlust bedroht, wird er nicht sachgerecht abstimmen — mögen auch die Fakten eine noch so klare Sprache sprechen!

In engem Zusammenhang mit dieser Tatsache steht die *Erfolgswahrscheinlichkeit*. Da wir in unserer Gesellschaft ganz und gar auf Erfolg programmiert sind, bedeutet Mißerfolg oftmals einen Statusverlust. Der Entscheider wird deshalb — meist auf einer unterbewußten Ebene — von der Möglichkeit eines Mißerfolges verunsichert und geängstigt; was ihn wiederum dazu bewegen kann, nicht sachgerecht zu entscheiden. Später auf diese Tatsache angesprochen, wird er eine derartige Unterstellung mit Entrüstung zurückweisen; und sein Verstand wird ihm flugs plausible Rechtfertigungen zur Verfügung stellen — ein Vorgang, der als „Rationalisierung" allen Psychologen geläufig ist.

Die *Phase 3*, die eigentliche Entscheidung zwischen alternativen Lösungen, ist also nicht die wichtigste Phase des Prozesses. Denn wenn das Problem nicht wirklich erkannt oder wenn es zwar erkannt, aber falsch eingeschätzt worden ist — dann kann die Phase 3 nur noch das Unglück besiegeln!

2. Hinweise aus der Praxis

Lee Iacocca, der wegen seiner Chrysler-Sanierung zum „Helden der Nation" aufgestiegen ist, hat naturgemäß auch hinsichtlich des Entscheidungsprozesses ganz klare Vorstellungen. Hier sind einige:

- Iacocca schwört, als typischer „Macher", auf eine Basiseigenschaft des erfolgreichen Managers: die *Tatkraft*. Das bedeutet aber: *kein Computer kann einem eine Entscheidung abnehmen; man muß als Einzelent-*

scheider irgendwann alle vorhandenen Informationen auf einen Nenner bringen, einen Zeitplan machen und — handeln!

- Manager mit Hochschulbildung lassen sich in ihrer Entscheidungsfindung zu sehr bremsen. Man hat ihnen während des Studiums beigebracht, erst dann zu handeln, wenn alle Fakten vorliegen. *Um die letzten fünf Prozent zu bekommen, brauchen sie ein halbes Jahr.* Bis dahin sind die Fakten veraltet, weil sich der Markt inzwischen weiterbewegt hat. Das ganze Geheimnis des Lebens ist das **Timing**.
- An irgendeinem Punkt muß man, auch ohne zureichende Fakten, den Sprung ins Ungewisse wagen. *Erstens, weil selbst die richtige Entscheidung falsch ist, wenn sie zu spät erfolgt. Zweitens, weil es in den meisten Fällen so etwas wie Gewißheit gar nicht gibt.* Manchmal gleicht selbst der beste Manager einem kleinen Jungen, der einen großen Hund an der Leine hat und darauf wartet, wo der Hund hin will, damit er ihn dorthin führen kann.
- Wesentliche Bedeutung mißt Iacocca auch einer Eigenschaft bei, ohne die nichts in Gang gebracht werden kann: der *Risikobereitschaft.* Er mokiert sich über Leute, die morgens das Haus nicht ohne Schirm verlassen, selbst wenn die Sonne scheint. Soundso oft muß man einfach ein Risiko eingehen — und seine Fehler *unterwegs* korrigieren.
- Iacocca stellt im übrigen fest, daß — trotz der Behauptungen in Lehrbüchern — *die wichtigsten Entscheidungen in der Wirtschaft von einzelnen und nicht von Ausschüssen getroffen werden.* Iacoccas Prinzip zur Entscheidungsvorbereitung wird deshalb von ihm so beschrieben: „Bis zum Augenblick der Entscheidung verfahre ich demokratisch. Dann übernehme ich das Kommando: Okay, ich habe alle angehört. Wir werden folgendes machen."
- Auch Iacocca hat die alte Weisheit begriffen und innerlich akzeptiert, daß nichts im Universum so beständig ist wie die Veränderung: *nichts in der Welt steht still.* Und er vergleicht die Situation eines Wirtschaftsbosses mit jener eines *Entenjägers.* Man kann eine Ente aufs Korn nehmen, aber die Ente hält nie still. Um die Ente zu treffen, muß man die Flinte bewegen. Dann kommt Iacocca auf ein Team als Entscheider zu sprechen: Ein Ausschuß, der mit einer wichtigen Entscheidung konfrontiert ist, kann sich nicht immer so rasch umstellen wie die Ereignisse, auf die er zu reagieren sucht. Wenn der Ausschuß bereit ist zu reagieren, *ist die Ente fortgeflogen.*

Und nun noch eine „brandneue " Information aus den USA, gelesen in „Trendletter 10/90":

Wir leben in der Zeit der „Time-based-Competition", in der es darauf ankommt, alles schneller zu machen als die Konkurrenz (siehe Trendletter

7/90). Wie steht es mit Entscheidungen? Kann man die auch ohne Einbußen an Qualität beschleunigen?

Die amerikanischen Professoren Kathleen Eisenhardt (Stanford University) und Jay Bourgeois (University of Virginia) haben die Entscheidungsfindung in US-Unternehmen untersucht. Dabei fanden sie zwei Grundrichtungen:

- *Manager vom Typ A* stellen sich zu einem Problem bestimmte Fragen und suchen dann die spezifischen Informationen. Die sich ergebende Lösung wird überprüft, dann werden Alternativen gesucht und diese ebenfalls überprüft. Sie beziehen in die Entscheidungsfindung nachdrücklich die strategische Planung mit Zukunftseinschätzungen ein. Hier können Entscheidungen nur beschleunigt werden, wenn weniger Informationen gesucht und analysiert, die Zahl der erwogenen Lösungen verringert werden und weniger darüber konferiert wird. Das kann aber die Entscheidungsqualität verringern.
- *Manager vom Typ B* gehen bereits von bestimmten Informationen aus, die für die Rahmenbedingungen der Firma, die Ergebnisse, ihre Produkte, die Märkte und Zielgruppen sowie verwendete Technologien relevant sind. Diese werden permanent beobachtet — man nennt das Monitoring — und auf den letzten Stand gebracht. Sie spekulieren fast nie über die Zukunft, sondern gehen von dem aus, was bereits erkennbar ist. Benötigte Informationen sind damit sofort greifbar. Der zweite Unterschied liegt darin, daß sie Alternativen nicht hintereinander abwägen, sondern mehrere nebeneinander. Für kollegiale Entscheidungen wird ein Termin gesetzt. Wenn bis dahin kein Konsens erreicht ist, entscheidet der, der für das Problem am kompetentesten ist. (Ende des Zitats)

Meine Anmerkungen zu dieser Meldung:

- Der Manager vom Typ A ist, nach Iacocca, der, dem ständig die Enten davonfliegen. Diese Methode ist nicht zu empfehlen.
- Der Manager vom Typ B bedient sich der vorhandenen Informationen und überdenkt die erarbeiteten Alternativen nebeneinander, das heißt in Mandala-Art. Und er setzt einen Schlußtermin, um intellektuelles Bla-bla zu unterbinden. Diese Methode ist sehr empfehlenswert.

3. Des Pudels Kern

Für diejenigen Leser, für die das Buch in erster Linie gedacht ist, nämlich für die Aufsteiger ins Management, seien noch ein paar Punkte hervorgehoben, die in der Regel die Ursache für Fehlentscheidungen und deren Folgen sind:

- Die häufigste Ursache für eine Fehlentscheidung ist, daß das aufgetauchte Problem nicht exakt analysiert wurde. *Die falsche Entscheidung ist die Folge einer falschen Problemanalyse.*
- Oft wird eine Entscheidung getroffen, ohne zugleich festzulegen, *wer für deren Durchführung zuständig und verantwortlich ist*; und in welchen Abständen er über den Verlauf der Operation berichten muß. Folge: Es geschieht nichts.
- Den folgenschwersten Führungsfehler macht jener Chef, der sich um die Entscheidung herumdrückt. Denn das Problem ist ja nicht verschwunden: es taucht, beträchtlich gewachsen, wieder auf. Deshalb gilt in allen Armeen der Welt für Offiziere als Handlungsgrundsatz Nr. 1: *„Eine falsche Entscheidung ist besser als keine Entscheidung!“*

Wenn Bert Brecht noch leben würde, würde er mit großem Interesse feststellen, daß wir Zeugen und Betroffene eines historischen „Lehrstückes“ sind. Zum Beispiel, was die deutsche „Vereinigung“ angeht. Die Entscheidung zu der überstürzten Vereinigung könnte sich als Fehlentscheidung erweisen — ebenfalls von „historischen“ Ausmaßen. Warum? Weil der Kanzler und seine Mit-Denker nicht erkannt haben, daß

- das *Selbstwertgefühl* eines Menschen sein höchstes (und verletzlichstes) Gut ist; auf das Selbstwertgefühl der „Ossis“ wurde indessen überhaupt keine Rücksicht genommen;
- *soziale Sicherheit* im Rahmen einer gleichgestimmten „Volksgemeinschaft“ wichtiger als materielles Wohlergehen ist;
- die Aussicht der Jugend auf eine Zukunft mit Chancen zur materiellen und psychologischen Fortentwicklung das *Anliegen Nr. 1 aller „Ossis“* ist: Weil fast alle älteren Menschen um den Wert ihres Lebens betrogen worden sind, wollen sie wenigstens noch erleben, daß es der Jugend gut geht. Danach sieht es im Augenblick (November 1990) nicht aus. *Im Klartext:* Die Vereinigung Deutschlands wurde von unseren Politikern in erster Linie als ein *materielles* Problem gesehen. (Was kostet die Wiedervereinigung?) Diese Fehlanalyse wird die getroffene Entscheidung möglicherweise zu einer menschlichen und damit politischen Katastrophe auswachsen lassen.

Ich möchte Ihnen, verehrte Leser, folgende (ganz persönlichen!) Ratschläge mit auf ihren Manager-Weg geben:

- Fällen Sie Entscheidungen, wenn möglich, alleine.
- Bedenken Sie vor jeder Entscheidung, daß nicht nur materielle, sondern auch psychologische Fakten eine Rolle spielen.
- Entscheiden Sie „vernetzt“, indem Sie stets überlegen, wer im Unternehmen von Ihrer Entscheidung möglicherweise betroffen ist.

- Stellen Sie Ihr Gewissen nicht in der „Besenkammer Ihres Daseins" ab! Sie werden es in Ihren letzten Stündlein dringend gebrauchen . . .

4. Resümee Nr. 4

- Ein Entscheidungsprozeß verläuft in der Regel in drei Phasen. Die wichtigste ist die Phase 1 — nicht die Phase 3!
- Wenn das aufgetauchte Problem (in der Phase 1) falsch definiert worden ist, muß auch die Entscheidung falsch sein. Das klingt ganz logisch — ist aber der häufigste Entscheidungsfehler!
- Gegen falsche Beurteilung von Informationen und Fakten schützt man sich als der für die Entscheidung (und deren Konsequenzen!) Verantwortliche, indem man zur Entscheidungs*vorbereitung* Mitarbeiter heranzieht.
- Wenn nach getroffener Entscheidung nicht *sofort* festgelegt wird, wer für die Durchführung oder Überwachung verantwortlich ist, geschieht meistens nichts!
- Die Sitzung, in der eine Entscheidung gefällt worden ist, gehört protokolliert: Wer hat teilgenommen? Um welches Problem hat es sich gehandelt? Wie wurde entschieden? Wer ist für die Realisierung verantwortlich? Wer meldet wann an den Entscheider, ob das ursprüngliche Problem wirklich verschwunden ist? Wer muß von der Entscheidung erfahren? (Verteiler!)
- Jede Entscheidung muß unter Zeitdruck erfolgen, weil sich der Markt ständig verändert. (Iacoccas Vergleich mit der Entenjagd.)
- Eine falsche Entscheidung ist besser als keine Entscheidung! Fehler kann man unterwegs reparieren.

SEKTOR III:

Die Mitarbeiter als Grundlage des Unternehmenserfolges

1. Wer ist wer?

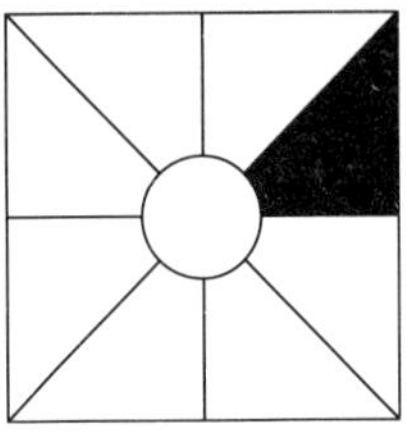

Ein Unternehmen ist keine „glückliche Familie“, sondern ein rein leistungsorientiertes System, das mit Hilfe seiner Mitarbeiter exakt definierte Ziele erreichen muß. Deshalb gilt als Grundlage jeder Beurteilung in erster Linie *ein* Kriterium:

Nur ob bzw. inwieweit ein Mitarbeiter die ihm gesteckten Ziele erreicht hat, kann als Basis der Beurteilung dienen. Die typisch deutsche Sucht, bei einer Beurteilung auch „das Wesen“ eines Mitarbeiters zu erfassen, ist anachronistisch und ohne tiefenpsychologische Methodik gar nicht zu realisieren.

Diese Forderung gilt allerdings nur für *Mitarbeiter ohne Führungsfunktion*. Führungskräfte sollten, wenigstens bis zu einem gewissen Grade, auch in bezug auf ihre Persönlichkeitsstruktur durchleuchtet werden; weil ihr Versagen bei der Menschenführung das Unternehmen bzw. Teile davon in seiner Existenz bedrohen kann.

Weil dieses Buch den „Manager in statu nascendi“, den werdenden oder erst jüngst beförderten Vorgesetzten zur Zielgruppe hat, wollen wir uns hier nur mit der Beurteilung von Mitarbeitern ohne Führungsfunktion beschäftigen.

Die Grundrechte des Bürgers sind in unserer Verfassung ausdrücklich geschützt. Zum Beispiel:

- Schutz der Menschenwürde (Art. 1)
- Recht auf die freie Entfaltung der Persönlichkeit (Art. 2)
- Gleichheit vor dem Gesetz hinsichtlich Geschlecht, Rasse, Abstammung, Glauben oder politischer Anschauung (Art. 3).

In einem Beurteilungsbogen dürfen Fragen nach Rasse, Religionszugehörigkeit oder politischer Anschauung keine Rolle spielen und deshalb auch nicht gestellt werden. Das gleiche gilt hinsichtlich Vorstrafen oder eventueller Gründe der Wehrdienstverweigerung. Auch die Intimsphäre gehört in diesen Bereich; desgleichen überstandene Krankheiten, sofern sie nicht bleibende Schäden verursacht haben, die die Leistungsfähigkeit mindern.

Beispiele für Bemerkungen, die *nicht* in einer schriftlichen Beurteilung erscheinen dürfen:

- Jude, kam 1946 aus Polen nach Bayern.
- Hat während seiner Ausbildungszeit Plakate für die SPD geklebt.
- Negermischling, wird von der Mehrzahl seiner Kollegen abgelehnt.
- Frl. M. ist sexuell sehr aktiv und macht kein Hehl daraus.
- Herr M. wird nicht mal mit seinen halbwüchsigen Kindern fertig.
- Macht nie Überstunden, weil sonst seine Frau krakeelt.
- Frau Z. ist bereits zweimal geschieden.
- Herr M. ist homosexuell, verkehrt regelmäßig in der „Adonis-Bar".
- Herr W. ist Wehrdienstverweigerer und auch noch stolz darauf.
- Frl. G. mußte sich schon als junges Mädchen wegen einer Geschlechtskrankheit behandeln lassen.
- Frau E. hat bereits drei Abtreibungen hinter sich.
- Herr M. wurde wegen Körperverletzung zu drei Monaten Gefängnis mit Bewährung verurteilt.

Wenn ich gesagt habe, ein Mitarbeiter kann nur hinsichtlich der Erreichung von Zielen beurteilt werden, so habe ich damit zugleich den neuralgischen Punkt vieler Unternehmen angesprochen: Es gibt keine exakte Definition der Ziele. Solange dies nicht der Fall ist, ist jeder Mitarbeiter praktisch der Willkür seines unmittelbaren Vorgesetzten ausgeliefert. Weil dessen Beurteilung von Vorurteilen und subjektiven moralischen Wertvorstellungen verfälscht wird.

2. Der funktionale Leistungsbegriff

Das Leistungsprinzip wird nach wie vor das bestimmende Prinzip unseres Lebens bleiben. Es ist deshalb angebracht, sich über den Begriff „Leistung" ein paar Gedanken zu machen — vor allem, wenn man Mitarbeiter zu beurteilen hat. *Wobei es nicht darauf ankommt, welches Beurteilungssystem man zugrundelegt.* Wesentlich ist, daß man die Mitarbeiter einer Abteilung oder eines Bereiches oder des gesamten Unternehmens konstant, d. h. über Jahre, nach dem *gleichen* System beurteilt. Denn es gilt die Erfahrungsregel: Beurteilung *mit* einem System bringt mehr als Beurteilung *ohne* System. Ob aber das System, für das man sich entschieden hat, möglicherweise von irgendeiner Universitäts-Kapazität für gut oder schlecht befunden wird, ist irrelevant. Hauptsache, es bewährt sich in der Praxis, das heißt, es wird von den „betroffenen" Mitarbeitern als „fair" oder „gerecht" anerkannt.

„Leistung" ist ja „Arbeit pro Zeiteinheit", das bedeutet, die Erfüllung einer Aufgabe innerhalb eines vorgesehenen Zeitrahmens. *Wer* diese Leistung erbringt, ein Deutscher oder ein Türke, ein Mann oder eine Frau, ist für ihre Beurteilung zweitrangig. Nur bei dieser Betrachtungsweise kommen wir zu einer *gerechten* Beurteilung — falls es so etwas überhaupt gibt. Trotzdem müssen wir, als Vorgesetzte, den Versuch einer möglichst gerechten Beurteilung immer wieder aufs neue machen. Dabei kann uns beispielsweise helfen, wenn wir den funktionalen Leistungsbegriff unterteilen, in

- die *objektive* Leistung: inwieweit wurde Aufgabe erfüllt? Wie wichtig war diese Aufgabe für das Unternehmen?
- die *subjektive* Leistung: das ist die *individuelle* Leistung. Nicht, was ein Mitarbeiter hätte leisten können, sondern, was er *tatsächlich* geleistet hat.
- die *absolute* Leistung: *Mindestanforderungen*, die für eine Arbeit notwendig sind; z. B. 240 Anschläge pro Minute.
- die *relative* Leistung: Leistung eines Mitarbeiters, bezogen auf die Leistung der übrigen Gruppenmitglieder, vor allem auch in Relation zur Bezahlung.

Da der Wert einer Leistung in einem Unternehmen letztlich immer durch die Höhe der Bezahlung gewürdigt wird, sollte man sich als Vorgesetzter auch darüber Gedanken machen, *daß die absolute Höhe des Einkommens nicht so wesentlich ist, wie das Ergebnis von Vergleichen, die der Mitarbeiter anstellt!* Diese Relationen können durch den Mitarbeiter in vier verschiedenen Bereichen angestellt werden:

- *Das eigene Einkommen „an sich":*
  a) Selbstwertgefühl: Je höher man sich als Persönlichkeit einschätzt, desto teurer will man sich verkaufen.
  b) Persönliche Bedürfnisse und Erwartungen an das Leben.
- *Vergleich mit anderen Unternehmen.*
- *Vergleich innerhalb der Unternehmensbereiche.*
- *Vergleich im Kollegenkreis.*

Werden bei vergleichbaren Tätigkeiten innerhalb einer Gruppe oder Abteilung spürbare Einkommensunterschiede festgestellt, kann das **nur** mit unterschiedlicher Leistung begründet werden. Ist dies nicht der Fall, macht ein Mitarbeiter in der Regel zweierlei:

- „Dienst nach Vorschrift"
- Innere oder äußere Kündigung.

Von Simpfendörfer stammt der Vorschlag zu der folgenden *relativen Bewertungsskala*, die ich in der Praxis erprobt habe:

130	an der Spitze
120	im oberen Bereich
110	knapp über der Mitte
100	*in der Mitte*
90	knapp unter der Mitte
80	im unteren Bereich
70	am unteren Ende

Beispiel: Vier Mitarbeiter, A, B, C und D, sollen mit Hilfe dieser Skala bewertet werden. Kriterium: „Selbständiges Arbeiten".

A: An selbständiges Arbeiten gewöhnt. Will wissen, was zu tun ist, marschiert dann alleine. Führungsstil: „Lange Zügel". *Bewertung:* 130.

B: Gegenteil von A: „autoritätsverliebt", sichert sich ständig durch viele Rückfragen ab. Erwartet haargenaue Anweisungen; muß streng kontrolliert werden. *Bewertung:* 70.

C: Gutes Mittelmaß. Erwartet klare Anweisungen, führt sie korrekt durch; Stichproben genügen als Kontrolle. *Bewertung:* 110.

D: Arbeitet selbständig; was er macht, macht er richtig bzw. präzise; doch seine Leistung unterliegt Schwankungen, bedingt durch wechselnde Stimmungen. Muß täglich motiviert und kontrolliert werden. *Bewertung:* 90.

Es folgt nun eine Bewertungs-Matrix, die von mir für die Beurteilung der Facharbeiter in der Motorenfertigung einer Automobilfabrik entworfen und eingesetzt worden ist. Nach diesem Muster kann man Matritzen für die verschiedensten Bereiche anfertigen — man muß nur die Kriterien (in den senkrechten Spalten) austauschen.

Name	Pers.-Nummer	Ziel erreicht?	Qualität der Arbeit	Quantität der Arbeit	Selbständigkeit	Zuverlässigkeit	Verantwortungsbew.	Kostendenken	Zusammenarbeit	Auffassungsgabe	Fachkenntnisse	Lernbereitschaft	Gesamt-Durchschnitt (Summe 1 – 11 : 11)	Rangplatz
		1	2	3	4	5	6	7	8	9	10	11		
Belser	12 561	110	120	120	110	130	120	130	130	120	130	120	122	3
Dowidat	23 158	120	120	120	130	120	130	120	120	130	120	130	124	2
Ehlers	18 533	110	110	100	120	110	110	90	100	110	120	100	106	6
Ermenrich	17 094	110	120	90	130	120	100	120	130	100	90	80	108	5
Hausmann	25 741	80	100	130	100	90	80	100	90	90	90	80	94	8
Mehrer	19 742	100	110	120	110	110	100	90	80	110	100	90	102	7
Myslan	21 405	70	90	100	90	100	70	100	90	100	90	70	88	10
Raschke	17 440	90	100	100	90	100	90	100	80	90	90	80	92	9
Schuback	24 105	130	130	120	130	130	120	130	110	130	130	130	126	1
Wallrath	18 439	120	120	110	110	130	120	120	120	110	100	120	116	4

Leistungsbewertungs-Matrix (L) — Abt.: TP (Motorenfertigung)

Wert dieser Matrix für die Praxis:

1. Sie setzt den Vorgesetzten in den Stand, seine bisherige Beurteilungsmethode zu überprüfen; vor allem in einer Hinsicht: Wie ist das Verhältnis der Plazierung (Rangplatz) eines Mitarbeiters zu seinem Einkommen? Oft muß der Beurteilende erkennen, daß er einen Mitarbeiter nicht allein nach dessen objektiver Leistung beurteilt hat — sondern weil ihm dessen Nase besser gefiel als die anderer; und weil er nie Schwierigkeiten bereitete . . .
2. Diese Bewertungs-Matrix ist eine ausgezeichnete Grundlage für ein Beurteilungsgespräch. Der Mitarbeiter erkennt, daß er aufgrund diverser Faktoren beurteilt worden ist. Im übrigen besteht die Möglichkeit, zu beweisen, daß ein Kollege zu Recht besser beurteilt worden ist. Das setzt allerdings voraus, daß alle Gruppenmitglieder mit diesem Vergleich einverstanden sind. In gut integrierten Gruppen ist dies möglich . . .

Beurteilung der Beurteilung durch den Beurteilten

Es sollte selbstverständlich sein, daß der Beurteilte seine Beurteilung zu sehen bekommt und dazu Stellung nehmen kann. In gut geführten Firmen muß der Mitarbeiter unterschreiben, daß er die Beurteilung eingesehen hat.

Wir Erwachsenen sind im Prinzip noch jene Kindlein, die wir etwa am Ende des fünften Lebensjahres gewesen sind. Das heißt, körperlich sind wir weitergewachsen — aber seelisch sind die meisten von uns auf der Entwicklungsstufe des Fünfjährigen stehengeblieben. Das erweist sich ohne weiteres, wenn wir das Verhalten Erwachsener bewußt beobachten und analysieren (dazu bedarf es keines Psychologie-Studiums). So wissen beispielsweise Kleinkinder ganz genau, ob sie — im Sinne elterlicher Ge- und Verbote — etwas „gut gemacht" oder etwas „ausgefressen" haben. Und sie erwarten deshalb, je nachdem, eine Belohnung oder eine Bestrafung. Da der Mensch nach dem Lustprinzip lebt, sucht schon das Kind möglichst viel Lust von den Eltern einzuheimsen und Unlust zu vermeiden. Doch was das Wichtigste ist: das Kind will stets wissen, wie es *insgesamt* vor seinen Eltern dasteht. Wird es wirklich geliebt? Als Ergebnis dieser Frage gewinnt das Kind den Eindruck „Ich bin o. k." oder „Ich bin nicht o. k.". *Genau das gleiche tut der erwachsene Mitarbeiter. Er will stets über zwei Dinge Gewißheit haben: Ist sein Chef mit ihm zufrieden? Und: Ist die Qualität seiner erbrachten Leistung zufriedenstellend, gut oder hervorragend?* Diese Beurteilung braucht jeder Mitarbeiter, *und zwar regelmäßig*, zur Aufrechterhaltung seines Selbstwertgefühles!

Zum zweiten will der Beurteilte Gewißheit haben, daß er *fair* beurteilt worden ist. Zu dieser Gewißheit verhilft ihm die Verwendung einer Matrix.

Zum dritten erweist sich die Beurteilung mittels einer Matrix als ein *Motivationsfaktor* ersten Ranges! Denn wer gut beurteilt worden ist, erfährt dadurch zweierlei: Sein Chef ist an ihm interessiert und gibt sich große Mühe, ihn gerecht zu beurteilen. Und die so sorgfältig durchgeführte Beurteilung (mit ihrem guten Ergebnis) beweist, daß er, der Mitarbeiter, *ein wertvoller Mitarbeiter* ist! Das spornt ihn an, bei der nächsten Beurteilung wieder so gut abzuschneiden.

3. Von der Gruppe zum Team

In der Nachkriegszeit haben die deutschen „Gruppenpsychologen" viel von sich reden gemacht, ohne allerdings auch nur im entferntesten jene Erkenntnisse zu erlangen, die die (von ihnen verschmähten) amerikanischen Psychologen in Feldversuchen zutage brachten. Diese Erkenntnisse kann man in etwa so unter den Begriff „Gruppenpsychologie" subsummieren:

- Eine Gruppe besteht aus 10 bis 12 Teilnehmern, die „face to face" zusammenarbeiten, und zwar über einen längeren Zeitraum, um gemeinsam eine bestimmte Aufgabe zu erfüllen.
- In jeder derartigen Gruppe gibt es drei herausragende Figuren: den „inoffiziellen Führer", den „Tüchtigsten" und den „Beliebtesten". (Alle drei Rollen können von einem Mann oder einer Frau besetzt sein.)
- Das Erscheinungsbild einer (wie oben definierten) Gruppe wird weitgehend durch die „Hackordnung" bestimmt. Das heißt, in dieser Gruppe gibt es eine „Nummer 1", das ist der Mensch mit der höchsten sozialen Anerkennung; und, als Kontrast, gibt es das „soziale Schlußlicht". Und jeder in der Gruppe weiß, wo *sein* Platz ist! Nota bene: Diese Einschätzung erfolgt innerhalb der Gruppe durch die Gruppenmitglieder. Es ist nicht gesagt, daß der Chef einer Gruppe seine Mitarbeiter so weitgehend kennt. Es gibt sogar unbedarfte Gruppenleiter, die wissen nicht einmal, wer der „Inoffizielle" in ihrer Gruppe ist!

Aus diesen Erkenntnissen ergibt sich zum Beispiel auch, daß das Erscheinen eines neuen Mitarbeiters in so einer gut integrierten Gruppe immer zwei Folgen hat: Es gibt (oftmals) einen Kampf bzw. einen Scheinkampf zwischen dem Neuen und dem bisherigen „Inoffiziellen". Und es gibt eine Zeit der Unruhe, bis klar erwiesen ist, wo der Neue seinen Platz in der Hackreihe gefunden hat: wird er die „Nummer 2" oder die „Nummer 5"? Oder „avanciert" er gar zum neuen „Schlußlicht"?

Aus diesem Gruppenmodell ergibt sich des weiteren, daß der Gruppenleiter bestrebt sein muß, mit dem „Inoffiziellen" ein gutes Verhältnis zu haben. Denn der kann ihm eine Menge Motivationsarbeit abnehmen, zum Beispiel bei unbeliebten Änderungen in der Organisation oder im Arbeitsablauf. Wenn sich der Gruppenleiter den „Inoffiziellen“ aber zum Feind macht und der dann gegen ihn arbeitet — dann zieht der Chef meist den kürzeren!

Durch die Verschiebung des Schwerpunktes von der „Gruppe“ zum „Team“ ist die oben beschriebene Gruppenstruktur etwas „aufgeweicht“ worden: die beschriebene Typisierung gilt nicht mehr so unbedingt — aber die Reste sind noch aller Orten zu beobachten. Dazu trägt eine weitere Erkenntnis bei, die wir Theodor Adorno verdanken: In den „Kulturstaaten“ der westlichen Welt sind mindestens 70 Prozent aller Menschen autoritätsverliebt. Das heißt: sie sehnen sich nach einem starken Führer, der die Entscheidungen für sie trifft, die Verantwortung dafür übernimmt und ihnen sagt, was sie zu tun und zu lassen haben. Und am liebsten arbeiten die Autoritätsverliebten im Rahmen einer mehr oder weniger rigiden Gruppenstruktur, die sich nach Möglichkeit nie verändern darf! Deshalb fallen Mitglieder eines Teams so gerne in den „alten Gruppenzustand“ zurück. Wir werden auf dieses Phänomen nochmals bei der Besprechung des Führungsstiles zurückkommen.

4. Das Definieren kommt vor dem Philosophieren

Wir nähern uns jetzt, verehrte Leser, einem etwas schwierigen und komplexen Thema. Deshalb ist es angebracht, zunächst einmal sauber zu definieren:

- Was ist eine Gruppe?
- Was ist eine Projektgruppe?
- Was ist eine autonome Gruppe?
- Was ist ein Team?
- Was ist eine „Task force“?
- Was ist ein Quality Circle?

Gehen wir's also der Reihe nach an . . .

Die „gute alte Gruppe“

- entspricht der oben gegebenen Beschreibung
- ist in der Regel in einer straffen Hierarchie angesiedelt
- wird mehr oder weniger autoritär geführt
- hat einen Gruppenführer, der nach oben für die Leistung seiner Gruppe voll verantwortlich ist
- scheut sich deshalb, zu delegieren und
- trifft Entscheidungen mehr oder weniger „einsam“.

Die Art, wie in einer Gruppe Entscheidungen getroffen werden, ist das wesentliche Kriterium zu deren Unterscheidung bzw. Beurteilung. So wurden in den 70er Jahren, und zwar auf der Basis der NASA-Übung, etliche wissenschaftliche Publikationen fabriziert, die den Unterschied zwischen einer Einzel- und einer Gruppenentscheidung sauber herausarbeiteten. Ich bringe deshalb jetzt ein Zitat aus einer derartigen Arbeit „Die Problematik der Gruppe" von dem deutschen Autor Gerhard Schwarz:

> Zusammenfassend lassen sich somit 14 Punkte des Gruppenvorteils gegenüber Einzelentscheidungen angeben:
>
> 1. Statistischer Vorteil des Fehlerausgleiches.
> 2. Ein Problem wird klarer erkannt.
> 3. Es werden in Gruppen bessere Methoden für Lösungen entwickelt.
> 4. Die Kreativität im Finden von Lösungsalternativen ist höher.
> 5. Die individuellen Hilfsmittel werden besser genützt.
> 6. Es erfolgt mehr Feedback für den einzelnen und seine Vorschläge.
> 7. Die persönlichen Probleme werden besser geklärt und daher nehmen Gruppen
> 8. auf die Bedürfnisse der Mitglieder mehr Rücksicht.
> 9. Deshalb stimmen dem endgültigen Entschluß auch mehr Personen zu
> 10. und setzen sich mehr für die Durchführung der beschlossenen Maßnahme ein.
> 11. Die Entscheidung wird besser auf ihre Realitätsnähe überprüft,
> 12. so daß auch ihre Belastbarkeit größer ist.
> 13. Schließlich wird das emotionale Feld der Mitglieder besser erkannt und seine Grenzen sind daher flexibler,
> 14. wodurch die Übersetzung vom Rationalen ins Emotionale und umgekehrt besser möglich ist.

So weit das Zitat eines typischen Akademikers, der auf irgendeiner Hochschule mit Studenten die NASA-Übung durchgespielt hat. Ich glaube nicht, daß ein Linien-Manager durch diese Aufzählung überzeugt wird, daß Gruppenentscheidungen bessere Ergebnisse bringen als seine Einzelentscheidung.

Jedoch, wie dies bei Hochschulleuten so üblich ist, wird die obige Aussage mit ihren 14 Punkten sofort wieder relativiert. Ich zitiere weiter:

Diesen Vorteilen gegenüber hat der Einsatz von Gruppenentscheidungen aber auch Nachteile. Die größte Schwierigkeit besteht wohl darin, *daß die beschriebenen Vorteile nicht für jede beliebige Gruppe zutreffen, sondern nur für Gruppen, die einen bestimmten Reifegrad im Prozeß der Selbstbestimmung erreicht haben.* Dies bedeutet für alle Organisationen, die auf Gruppenarbeit umstellen und Verantwortung delegieren wollen, eine Durststrecke, in der das autoritäre System nicht mehr funktioniert und die Team-Arbeit noch nicht (Ende des Zitates; Hervorhebungen vom Autor).

Schwarz hat, meiner Meinung nach, bei seiner Analyse der Gruppenentscheidung *den einen wesentlichen Punkt* überhaupt nicht berührt, auf den es indessen in der industriellen Praxis ankommt: *Wer trägt die Verantwortung für eine Gruppenentscheidung?* Amerikanische Versuche haben ergeben, daß Gruppen bei Entscheidungen viel höhere Risiken eingehen, als wenn die einzelnen Gruppenmitglieder die Verantwortung für die Konsequenzen aus einer derartigen Entscheidung persönlich tragen müßten. Deshalb keimt bei mir immer ein zweifacher Verdacht auf, wenn jüngere Führungskräfte so von „Teamarbeit" schwärmen: nämlich, daß sie ihre Führungsschwäche und ihre mangelnde Risikobereitschaft als „Gleicher unter Gleichen" in der Gruppe verstecken wollen. Wie sagte doch der Harvard-Professor H. Edward Wrapp: „Der heutige Manager wird dazu ausgebildet, unternehmerisches Risiko zu vermeiden." Risiko vermeiden bedeutet aber immer, Angst vor den Konsequenzen einer Entscheidung zu haben. Auf gut deutsch: Viele dieser Jungmanager sind verantwortungsscheu. Da bietet sich das Verstecken in einer Gruppe geradezu an.

Nun gab es in den guten alten Nachkriegszeiten noch eine andere Abart der Gruppe, die sog. Ad-hoc-Gruppe. „Ad hoc", aus dem Lateinischen, heißt wörtlich übersetzt „zu diesem (Zweck)". Mit anderen Worten: Eine Ad-hoc-Gruppe ist eine Gruppe, die zu einer ganz bestimmten, einmaligen und ganz klar definierten Aufgabe zusammengestellt wird und sich nach Beendigung ihrer Arbeit wieder auflöst. Das Führungsproblem stellt sich nicht, da die Aufgabe klar umrissen ist, und zwar in der Regel direkt von der Geschäftsleitung. Die Teilnehmer werden oft aus dem ganzen Unternehmen zusammengesucht — ausschließlich nach ihrer fachlichen Qualifikation. Diese Ad-hoc-Gruppen heißen heutzutage *„Projektgruppen"*. Auf Bayerisch meint dies: ein neuer Name für einen alten Hut . . .

Kommen wir zu einem zu Unrecht berühmt gewordenen totgeborenen Kind: den sich selbst steuernden *„autonomen" Gruppen*: Etwa ab Mitte der 60er Jahre, mit einem Kulminationspunkt als Folge der 68er-Demonstrationen, forderten vor allem die frisch von der Hochschule in die Industrie übergewechselten Jungmanager stürmisch die Einrichtung „autonomer" Gruppen, die keinen formellen Führer haben. So sollte einer Industriegruppe eine Aufgabe zugewiesen werden, z. B. X Autos pro Monat zu montieren — und alles weitere sollte man der Gruppe überlassen. Man versprach sich davon eine ungeheuere „Vermenschlichung“ der Arbeit, einen in jeder Gruppe sprudelnden Geisir von Initiativen und, natürlich, eine Hebung der Menschenwürde. Die Utopisten mit der blühendsten Phantasie und der größten Entfernung zur Wirklichkeit unserer Industriegesellschaft sahen die „Unternehmen der Zukunft“ nur noch als kybernetisch gesteuertes Konglomerat autonomer Gruppen.

Mittlerweile ist dieser Traum ausgeträumt. Allein die internationale Konkurrenz und die zur Integrierung der ehemaligen DDR erforderliche Anstrengung wird uns Deutsche davor bewahren, solche selbstmörderischen Versuche nochmals aufzunehmen. Seit der ersten Euphorie haben sich Theoretiker von Rang inernational mit dem Problem der autonomen Gruppen beschäftigt, und einen *Katalog von Prämissen erarbeitet, die als Voraussetzungen für die erfolgreiche Arbeit einer derartigen Gruppe erfüllt sein müssen.* Zum Beispiel:

- eine derartige Gruppe sollte maximal 12 Personen umfassen;
- es muß eine face-to-face-Gruppe sein, das heißt, die Mitarbeiter müssen einen ständigen persönlichen Kontakt haben und dürfen z. B. nicht in mehrere Räume aufgeteilt sein;
- die Gruppenmitglieder müssen kooperations*willig* sein;
- die Qualität der Gruppenmitglieder, in menschlicher wie fachlicher Hinsicht, muß relativ hoch sein;
- die Harmonie der Gruppe erfordert eine zielorientierte Zusammensetzung hinsichtlich Alter, Geschlecht und Persönlichkeitstyp;
- Menschen, die sich grundsätzlich nicht zur Zusammenarbeit in Gruppen eignen, z. B. ausgesprochene Individualisten, Introvertierte oder Menschen mit ausgeprägtem Dominanzstreben, dürfen nicht in eine selbststeuernde Gruppe aufgenommen werden;
- je höher das Entscheidungsniveau ist, desto problematischer wird das sog. Skandinavische Modell; in der Praxis sind Versuche auf höherer Ebene der Firmenhierarchie überhaupt noch nicht durchgeführt worden;
- bei der Zusammenstellung einer selbststeuernden Gruppe ist a priori nie abzusehen, welche gruppendynamischen Interaktionen ablaufen und wie sie das Gefüge der Gruppe beeinflussen werden.

Falls Sie, verehrte Leser, bereits „arriviert“ und für eine Gruppe verantwortlich sind: Stellen Sie sich diese Gruppe mal kurz vor. Und vergleichen Sie die Eigenschaften Ihrer Mitarbeiter mit obigem Katalog *unabdingbarer Prämissen*, wenn eine autonome Gruppe erfolgreich arbeiten soll. Na, zu welchem Ergebnis sind Sie gekommen? Könnte Ihre Gruppe, im Falle des Falles, „autonom“ weiterarbeiten? Und selbst, wenn Sie sich entschließen sollten, einzelne Mitglieder Ihrer Gruppe durch „bessere" zu ersetzen: wo wollten Sie die denn hernehmen, bei unserem ausgekämmten Arbeitsmarkt? Mich erinnert die Problematik der autonomen Gruppen immer an den seligen Herbert Marcuse, der in einer öffentlichen Diskussion mit Kohn-Bendit (am Ende seiner Weltkarriere als linker Vor-Denker) einmal kleinlaut zugeben mußte: „Mein Modell ist in der Tat für Menschen gedacht, die es noch nicht gibt."

5. Spielregeln für die Teamarbeit

Kommen wir nunmehr zum Team: es ist im Prinzip auch eine selbststeuernde Gruppe, da es ohne Vorgesetzten arbeitet. Nun wurde von Universitätsleuten jahrelang behauptet, daß das Team als die seiner Natur nach bessere Form der Organisation jeder anderen Organisationsform überlegen sei. Indessen ist dafür bisher noch nie ein Beweis erbracht worden, wie Reinhard Höhn bereits 1970 sarkastisch festgestellt hat. Ein Unternehmen oder eine Behörde allein durch Teams auf allen Stufen führen zu wollen, ist eine Utopie. Dies wird jedem Menschen mit Common sense deutlich, wenn er sich einmal die (von Höhn erarbeiteten) Prämissen vor Augen führt, die für jeden Mitarbeiter eines Teams gelten:

1. Wer in einem Team mitarbeitet, muß wissen, daß dies in völliger Anonymität zu geschehen hat. Nicht der einzelne gewinnt persönlich „Ruhm und Ehre", sondern alles, was von der Gruppe erarbeitet worden ist, wird dem Team als Ganzem zugeschrieben.
2. Demgemäß kann das einzelne Teammitglied kein Urheberrecht für die von ihm beigesteuerten Ideen geltend machen und auch nicht Punkte für die Bewertung der eigenen Leistung sammeln. Wem es darauf ankommt, in dieser Weise hervorzutreten, der ist für die Mitarbeit in einem Team ungeeignet. Das Erfolgserlebnis des einzelnen Teammitglieds liegt darin, dem Team angehört und zu seinem Arbeitsergebnis beigetragen zu haben.
3. Darüber hinaus muß derjenige, der in einem Team mitarbeiten will, vorurteilslos und ohne jede Überheblichkeit den Meinungen der anderen Team-Mitglieder gegenübertreten. Teamarbeit setzt die Bereitschaft für Zusammenarbeit, geistige Aufgeschlossenheit gegenüber anderen Meinungen und neuen Ideen sowie Verzicht auf starres Festhalten am eigenen Standpunkt voraus.

Mögliche Vorteile eines Teams:

- Ein Team gewährleistet, daß nicht einseitige Interessengesichtspunkte für die Erarbeitung der Lösung ausschlaggebend werden.

- Die Teamarbeit hat eine Versachlichung und Neutralisierung des anstehenden Problems zur Folge, die in der Regel bei einer Einzelentscheidung nicht gegeben ist.
- Durch die Zusammenarbeit mehrerer Spezialisten im Team wird einer einseitigen Beeinflussung der Entscheidungsinstanz vorgebeugt.
- Das Team hilft, das Risiko von Fehlentscheidungen zu vermindern. Weil mehrere Kräfte an einer Aufgabe arbeiten, wird die Gefahr, daß Dinge übersehen werden, verringert.
- Das Team wirkt der Betriebsblindheit entgegen.
- Teamarbeit intensiviert die Bereitschaft und die Fähigkeit des einzelnen Mitarbeiters zur Zusammenarbeit.
- Das Team wirkt erzieherisch. Es zwingt (in der Regel, aber nicht immer) zur Toleranz, zur Einordnung, zur Anerkennung anderer Meinungen, zur fairen Diskussion und damit zur Beseitigung einer schroff individualistischen Einstellung.
- Die Teamarbeit bedingt, daß Gedanken und Vorstellungen nutzbar gemacht werden, die im Rahmen der formalen Organisation nicht zum Tragen kämen.
- Durch die Teamarbeit läßt sich die Intelligenz im Unternehmen organisieren, das heißt, rationeller ausschöpfen.

Nachteile eines Teams

- Teamfähige und noch nicht oder überhaupt nicht teamfähige Mitarbeiter begegnen sich gewöhnlich in Teams und beeinträchtigen die Effektivität der Teamarbeit.
- Teamarbeit kann erheblich zeitaufwendiger sein als Einzelarbeit. Die Anlaufzeit, in der sich Teammitglieder aufeinander einstellen und eventuell sachliche Mißverständnisse beseitigt werden, ist unter Umständen beträchtlich.
- Teams sind in ihrer Arbeit zum Teil schwerfälliger, vor allem wenn das Team zu groß ist.
- Die Anonymität des einzelnen kann sich nachteilig auf den Leistungswillen und die Einsatzbereitschaft der Teammitglieder auswirken. Jedes Teammitglied kann sich mit seiner mangelnden Leistung hinter den anderen „verstecken".
- Im Team fehlt der Anreiz des persönlichen Ehrgeizes, da dem einzelnen für seine Leistung keine persönliche Anerkennung zuteil wird.
- Die Vorschläge des Teams beinhalten oft eine im Interesse der Sache keineswegs erwünschte Kompromißlösung.

Der „letzte Schrei“ aus den USA sind die „Task forces“. Nun, was beinhaltet diese Metapher? Folgendes:

- Die Task forces haben nicht viele Mitglieder.
- Die hierarchische Anbindung der Task force und die Position ihrer Mitglieder entsprechen der Bedeutung des Problems. Die Beteiligten müssen unbedingt eine Stellung innehaben, in der sie ihre Empfehlungen auch durchsetzen können.
- Die typische Task force besteht nur kurze Zeit.
- Die Mitgliedschaft ist gewöhnlich freiwillig.
- Die Task force wird bei Bedarf schnell einberufen, ohne daß gewöhnlich erst förmliche Richtlinien erarbeitet werden.
- Es wird schnell nachgefaßt; das heißt, die Geschäftsleitung fragt sehr bald nach Ergebnissen.
- Es wird kein vollzeitiger Stab aufgebaut.
- Die Dokumentation ist immer formlos und oft nur spärlich. Motto: Unsere Manager sollen kein Papier fabrizieren, sondern Lösungen.
- Die „Task force“ ist praktisch eine Weiterentwicklung der „Projektgruppe“. Wesentlich ist die absolute Freiheit des Handelns und das (holistische) Abrufen von Informationen aus dem *gesamten* Unternehmen, quer durch alle hierarchischen Ebenen bzw. Unternehmensbereiche.

6. Der vorletzte Schrei: Quality Circles

Da Menschen keine Roboter sind und ein sehr empfindliches und positiv wie negativ leicht beeinflußbares Nervengeflecht haben, machen sie Fehler. Anders formuliert: es wird eine Menge Ausschuß produziert, der nicht ins Bild einer „perfekten“ Produktion paßt — und Geld kostet. Deshalb, wegen der zusätzlichen Kosten, dachte man, natürlich zuerst in den USA, darüber nach, wie man diese Kosten verringern oder eliminieren könnte. Man organisierte also innerhalb der Unternehmen, und zwar im Rahmen der operativen Ebene, kleine Gruppen von Fachleuten, die den aufgetretenen Problemen nachspürten, sie sauber definierten und auf Abhilfe sannen. Allerdings sannen sie nicht nur, sondern sorgten dafür, daß die Ergebnisse ihres Sinnens auch realisiert wurden.

Quality Circles wurden also (gemäß J. Deppe) 1965 in den USA kreiert und bereits 1966 in Japan nachgeahmt. Doch geriet die ganze Angelegenheit wieder in Vergessenheit und erfuhr erst 12 Jahre später, 1977, ihre Wiederbelebung. 1978 wurden Qualitätszirkel in Skandinavien und England eingeführt. 1984 gab es bereits in 19 europäischen Ländern Qualitätszirkel-Aktivitäten. Seit 1986 gibt es die „Deutsche Quality Circle Gesellschaft (DQCG)", die sich die Förderung des Qualitätszirkel-Gedankens zum Ziel gesetzt hat.

Anhand seiner konstituierenden Merkmale wird (nach Joachim Deppe) ein Qualitätszirkel definiert als

1. auf Dauer angelegte
2. Kleingruppe,
3. in der Mitarbeiter einer hierarchischen Ebene
4. mit einer gemeinsamen Erfahrungsgrundlage
5. in regelmäßigen Abständen
6. auf freiwilliger Basis zusammenkommen, um
7. Themen des eigenen Arbeitsbereiches zu analysieren und
8. unter Anleitung eines geschulten Moderators
9. mit Hilfe spezieller, erlernter Problemlösungs- und Kreativitätstechniken
10. Lösungsvorschläge zu erarbeiten und zu präsentieren,
11. diese Vorschläge selbständig oder im Instanzenweg umzusetzen und
12. eine Ergebniskontrolle vorzunehmen,
13. wobei die Gruppe als Bestandteil in den organisatorischen Rahmen des Qualitätszirkel-Systems eingebunden ist und zu den anderen Elementen Kommunikationsbeziehungen unterhält.

J. Deppe, der sich (auf 220 Seiten) um eine korrekte Darstellung des Kleingruppenproblems bemüht, zitiert am Ende seines Buches die Autoren Quiske/Skirl/Spiess, die 1973 „visionär" formuliert hatten: „Das Team wird zum tragenden Organisationsprinzip der Zukunft." Und er fügt trocken hinzu: „Diese Erwartung hat sich in den letzten 15 Jahren nicht erfüllt." Während indessen Deppe ein „reiner Universitätsmensch" ist, kann ich als Praktiker nur anfügen: Ich habe in den 20 Jahren meiner Selbständigkeit als Management-Berater keinen Betrieb kennengelernt, in dem Teams, und zwar in größerem Rahmen, eine bestimmende Rolle gespielt haben.

7. Resümee Nr. 5

1. Man sollte als Manager Entscheidungen soweit wie möglich allein treffen. Alle erfolgreichen „Führer" haben eine Vision, sind schrecklich ungeduldig und mehr oder weniger autoritär. Sonst würden sie nichts bewegen und nichts bewirken.

2. Wenn eine Aufgabe zu komplex ist, gehört sie, auf der Grundlage eines Netzplanes, in „Portionen" aufgeteilt und an Teams — noch besser an Task forces — übertragen.
3. **Bei der Zusammenstellung eines Teams sollte in erster Linie darauf geachtet werden, daß dessen Mitglieder menschlich zusammenpassen. Was nützen erstklassige Fachleute, wenn sie unter einer Profilneurose leiden und dadurch die Teamarbeit aufhalten oder gar verhindern?**
4. Mit der Aufteilung des Teams sollte eine Motivierung von höherer Ebene verbunden sein: Es muß ein Korpsgeist und damit der Stolz geweckt werden, diesem Team anzugehören.
5. Im übrigen wäre es psychologisch optimal, wenn der geforderte „Motivator auf höherer Ebene" von Zeit zu Zeit *persönlich* bei diesem Team vorbeischaute und sich nach dem Fortgang der Dinge erkundigte. Dem Team sollte immer wieder demonstriert werden, was für einen hohen Stellenwert seine Arbeit „höheren Orts" genießt.
6. Die praktizierte Forderung des „Teams ohne Chef", die sog. autonome Gruppe, halte ich für ein Unding. Es wird sich immer ein Teammitglied herausschälen, das „unauffällig und stillschweigend geduldet" die Führung übernimmt. Dies entspricht der von Theodor Adorno herausgearbeiteten Tatsache, daß mindestens zwei Drittel aller Menschen autoritätsverliebt sind und sich, aus dem Unterbewußtsein, einen Führer wünschen.

Um das Ende des Sektors III dieses Buches etwas gewichtiger zu machen, mein ganz persönlicher Rat an alle „Beginner" in Sachen „Management": Beobachten Sie ab sofort viel schärfer und bewußter als bisher, was sich in Ihrer Gruppe tut — *aber ändern Sie nichts!* Verfahren Sie *nicht* nach dem alten Spruch, daß neue Besen gut kehren! Suchen Sie erst einmal zu ergründen, aus welchem Holz Ihre neuen Mitarbeiter geschnitzt sind. Was sind ihre Motive? Wie ist ihre Kommunikationsfähigkeit innerhalb der Gruppe? Wie ist ihre fachliche Kompetenz? Indentifizieren Sie sich mit der Firma und deren Zielen, oder ist für sie die Arbeit nur ein „Job"? Und wie, last not least, steht es um jenen Vorgesetzten, dem Sie zu berichten haben? Wird er von Ihnen geplante Neuerungen unterstützen? Also, um nochmals eine alte deutsche Spruchweisheit zu bemühen: *Fallen Sie als neuer Chef „nicht mit der Tür ins Haus"!*

SEKTOR VII:

Ein ewiges Thema: der Führungsstil

1. Eine bewährte Denkstruktur

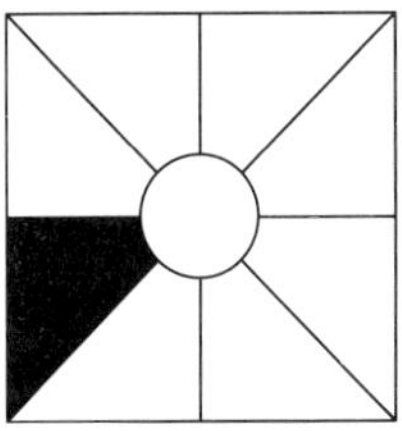

Unter den vielen aus den USA importierten „Management by"-Techniken hat sich nur eine bewährt und gehalten: der „Situative Führungsstil" von Fred E. Fiedler. Ich selbst lehre ihn seit vielen Jahren in meinen Führungs-Seminaren; und alle, die ihn übernommen haben, sind damit gut gefahren. Also: Was sagt Fiedler?

Fiedler stellt zunächst fest, daß *jeder* Führungsstil durch drei Faktoren bedingt ist:

- den Charakter des Führers
- die Qualifikation der Mitarbeiter
- die Situation, in der einer führen muß.

Da ich Fiedler in meinem „Chefbrevier" ausführlich beschrieben habe, beschränke ich mich hier auf die wesentlichen Gesichtspunkte seines Denk-Modells — mehr ist es nicht! Ich erlaube mir bei dieser Gelegenheit daran zu erinnern, verehrte Leser, daß das genialste Denkmodell nichts nützt, wenn man es nicht praktiziert!
Dieses einfach erscheinende Modell zeitigt, wenn man es erst einmal durchdenkt, interessante Konsequenzen (Siehe nebenstehende Zeichnung!).

Aus diesem Modell kann man folgende Überlegungen ableiten:

- Je höher die Qualifikation der Mitarbeiter ist, desto weniger braucht sich der Führer um sie zu kümmern. Er kann sich vornehmlich damit beschäftigen, über seine Aufgaben *nachzudenken*. Das bedeutet aber: sein Führungsstil wird vorwiegend *aufgabenbezogen* sein.
- Je niedriger die Qualifikation der Mitarbeiter ist, desto mehr muß sich der Führer um sie kümmern: er muß anweisen, kontrollieren, kritisieren, motivieren. Das bedeutet aber: sein Führungsstil ist vorwiegend *mitarbeiterbezogen*.
- Auch der beste Führer kann nicht effizient wirken, wenn ihm das Firmenumfeld Effizienz nicht gestattet. So kann es beispielsweise passie-

ren, daß ein aktiver Vertriebsleiter als „Fusionsgeschädigter“ in ein Umfeld kommt, wo sich das Verkaufen bisher auf der „Demutsebene“ abgespielt hat. Nach dem Motto: „Bitte, lieber Kunde, bestell doch wenigstens ein Stück . . .“ Daß dieser aktive Manager beim gesamten Außendienst aufläuft, wenn er diese (oft überalterten) Mitarbeiter „dynamisieren“ will, ist verständlich. *In einer solchen Situation muß auch der tüchtigste Führer scheitern.*

- *Der Charakter eines Führers spielt die ausschlaggebende Rolle überhaupt.* Das wollen viele Leute nicht wahrhaben, sowohl Firmenchefs wie auch Berater. Doch ob diese Tatsache akzeptiert wird oder nicht: Aus dem Charakter (= der „Persönlichkeitsstruktur“) resultieren

  * die Flexibilität,
  * die Durchsetzungsfähigkeit,
  * die Kommunikationsfähigkeit, und
  * die Motivationsfähigkeit eines Führers.

- Aufgrund dieses Denkmodells läßt sich also fürs erste folgern: *Der überhaupt praktisch mögliche Führungsstil pendelt sich irgendwo ein zwischen vorwiegend aufgaben- oder vorwiegend mitarbeiterbezogen* — je nach Gewicht der drei „Basisfaktoren“ Persönlichkeitsstruktur, Mitarbeiterqualifikation und Situation.

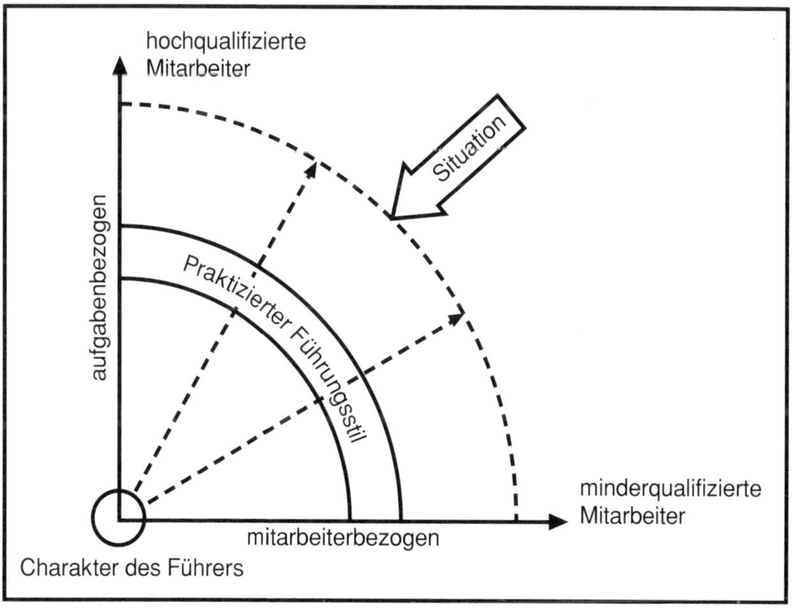

Die Tatsache, daß der Charakter eines Führers die Hauptrolle spielt, wird durch eine neue amerikanische Felduntersuchung bestätigt: Die beiden angesehenen Wirtschaftsanalytiker Warren Bennis und Burt Nanus untersuchten (über einen jahrelangen Zeitraum) 90 erfolgreiche Unternehmer bzw. Geschäftsführer. Sie wollten wissen, ob es Merkmale gäbe, die all diesen erfolgreichen „Machern" gemeinsam wären. In der Tat kristallisierten sich vier Fähigkeiten („Strategien") bei all diesen „Führungsfiguren" heraus:

* Strategie I: Mit einer Vision Aufmerksamkeit erzielen.
* Strategie II: Sinn vermitteln durch Kommunikation.
* Strategie III: Eine Position einnehmen und damit Vertrauen erwerben.
* Strategie IV: Entfaltung der Persönlichkeit durch ein positives Selbstwertgefühl.

Und was die Suche nach einem „Führungsstil" betrifft, stellten die Autoren fest, daß man diese Gruppe als „frustrierend regellos" empfinden mußte.

Aus diesen ersten Überlegungen zum Thema „Führungsstil" geht schon hervor, daß es

- keinen optimalen Führungsstil gibt, mit dem *alle* denkbaren Situationen gemeistert werden können;
- kaum einen Führer gibt, der von seiner Persönlichkeitsstruktur her *alle* denkbaren Situationen meistern kann. Ausnahmen wie etwa jene Herrschergestalten, die von den Geschichtsschreibern mit dem Beinamen „der Große" versehen worden sind, bestätigen nur die Regel.

Damit sind wir wieder beim Umfeld und der Rolle, die es für die Wirkungsmöglichkeit eines Menschen spielt. Dies drückt eine von mir sogenannte „Universale Wahrheit"aus, die ich in Anlehnung an Erich Jantsch so formuliere: Der Mensch ist, für sich betrachtet, ein Nichts. Er besitzt, ohne Bezug zu seiner engeren Umwelt oder zum Universum, keinerlei fundamentale Identität. **Was der Mensch ist, ist er allein im Rahmen der Wechselbeziehungen mit anderen Menschen.**

Dies gilt auch für das Verhältnis von Führer zu Geführten. Mit Ausnahme der wirklich großen „Leader" unserer Zeit, wie etwa Iacocca oder Morita, besteht ein *Abhängigkeitsverhältnis* zwischen Führer und Geführten. Während zum Beispiel ein Gruppenleiter versucht, irgendwelche „hochtrabenden" Firmenziele (und damit auch seine eigenen Ambitionen) zu realisieren, sind die Mitarbeiter in erster Linie von drei Motiven angetrieben:

- sie wollen einen sicheren Arbeitplatz haben;
- sie wollen möglichst viel Geld verdienen, um sich und ihrer Familie einen „standesgemäßen" Lebensstandard zu ermöglichen; und

- sie wollen qualitativ hochstehend arbeiten — wenn ihnen die Arbeit Spaß macht.

Dies ist die stillschweigende Abmachung, die dem „Deal“ zwischen einem Mitarbeiter und „seiner“ Firma zugrundliegt. So lange sich beide Seiten an diese Abmachung halten, läuft der Betrieb normal.

Wehe aber, wenn ein ehrgeiziger Gruppen- oder Abteilungsleiter diese stets bedrohte Balance stört, weil er plötzlich mehr Leistung für das gleiche Geld fordert! Verbunden mit anderen persönlichen Opfern, wie etwa Überstunden oder zusätzlicher Reisetätigkeit. Jetzt erweist es sich, ob so ein „Manager“ motivieren kann — oder ob er seine Gruppe bisher nur „verwaltet“ hat. Fazit dieser Überlegungen: *Ein Manager ist heute nicht mehr Vorgesetzter laut Position in der Hierarchie, sondern er ist Animator und Moderator, der genau so auf die wohlwollende Kommunikation mit seinen Mitarbeitern angewiesen ist wie diese auf seine wohlwollende Beurteilung ihrer Leistung — denn davon hängt möglicherweise der „sichere“ Arbeitsplatz in der Firma ab und die Bezahlung sowieso . . .*

Wie Sie, verehrte Leser, inzwischen wohl gemerkt haben, bin ich bestrebt, Ihnen, als „Newcomer“ in der Management-Szene, Flausen auszutreiben, falls Sie diese mal irgendwo aufgelesen und mitgebracht haben. Vergessen Sie den Unsinn, den Sie irgendwo über „das Führen“ gelesen oder gehört haben! Glauben Sie einem alten Praktiker mit 40 Berufsjahren auf dem Buckel, wenn er Ihnen über das Führen sagt:

- Der Führungserfolg (im Mittelmanagement) beruht zunächst auf einer positiven Einstellung Ihren Mitarbeitern gegenüber — gleichgültig, welcher Nationalität, Rasse oder Religion sie angehören.
- Zum zweiten ist es notwendig, daß Sie jene Einstellung, die Sie predigen, Ihren Mitarbeitern auch *vorleben.*
- Drittens sind unabdingbare Grundlagen für den Führungserfolg Fairness und Gerechtigkeit.
- Viertens sollten Sie sich keine „Lieblinge“ in der Gruppe halten und jeglichem Versuch des Intrigierens a priori widerstehen.
- Fünftens sollten Sie ihre Mitarbeiter immer ehrlich über das informieren, was so in der Firma läuft bzw. was man höheren Ortes von Ihnen und Ihrer Gruppe erwartet. Wenn Sie Ihre Mitarbeiter nicht sofort, vollständig und wahrheitsgemäß über neue Tendenzen informieren, fördern Sie lediglich die Gerüchtebildung.
- Sechstens sollten Sie jedem Mitarbeiter, entsprechend seiner Befähigung, sagen, was Sie von ihm erwarten und ihn aufgrund dieser Zielvorgabe beurteilen.
- Siebtens sollten Sie die von Ihnen geforderte Leistung als eine „Vision“

wie eine Fahne vor sich hertragen, so daß jeder Ihrer Mitarbeiter von Ihrer Begeisterung und Ihrer Siegesgewißheit „angesteckt“ wird.

- Schließlich und endlich sollte aus diesem Ihrem Führungsverhalten in Ihrer Gruppe ein Elitebewußtsein erwachsen: Jeder Ihrer Mitarbeiter muß stolz sein, gerade mit Ihnen bestimmte Aufgaben bewältigen zu dürfen!

Sie sehen also: Erfolgreiches Führen ist nicht in erster Linie die Konsequenz irgendeines „Führungsstiles“, sondern Ihres Charakters! Und wenn ein „Berater“ bei Ihnen auftaucht, der Ihnen eine neue „Management by“-Technik aufschwätzen will, dann werfen Sie ihn sofort vor die Türe!

2. Alles fließt . . .

Eigentlich sollte man treffender feststellen: Alles schwimmt . . . Denn nirgendwo herrscht eine derartige Unsicherheit hinsichtlich des „Neuen Führungsstiles“ bzw. des „Managements im Wandel“ wie in der Industrie, von deren Leistungsfähigkeit aber unsere Zukunft abhängt.
Der österreichische Berater für Personal- und Organisationsentwicklung Dr. Christian Freilinger, einer der „Wiedererwecker“ des Harzburger Modells, spricht von einem „neuen Führungsverständnis“. Ich zitiere aus „congress & seminar 12/90“:

> In einer sich schnell wandelnden Gesellschaft werden nach Freilingers Darstellung in den Unternehmen alle Mitarbeiter zu „Agenten“ der Veränderung. Dieser Prozeß mache ein neues Führungsverständnis nötig, das den Mitarbeitern weitreichende Verantwortung einräumt. Der Manager der 90er Jahre müsse deshalb in allem flexibel sein, er bevorzuge flache Organisationsstrukturen, strahle Wärme und Menschlichkeit aus, sei chaosfähig, als nicht festgelegt auf einmal eingeübte Strategien, und außerdem Agent des Zeitgeistes. Er sei ständig bereit, Bewährtes aufzugeben und Neues zu wagen.

Ende des Zitates. Als Psychologe bekomme ich bei diesen Redereien einen Lachkrampf! Hat Herr Freilinger schon mal erlebt, daß sich ausgewachsene Männer, Manager noch dazu, in ihrer Persönlichkeit verändern? Daß solche Leute, die bisher (mit Erfolg) einer eher „harten Linie“ folgten, um ihre Sollzahlen zu erfüllen, plötzlich „Wärme und Menschlichkeit“ ausstrahlen? Da wird man als kritischer Leser wieder an Herbert Marcuse erinnert, der da sagte: „Mein Modell ist in der Tat für Menschen gedacht, die es noch nicht gibt.“ Den von Herrn Freilinger propagierten, in Bad Harzburg geschulten Manager als „Agenten der Veränderung“ wird es mit Sicherheit auch am Ende der 90er Jahre nicht geben.

Herr Freilinger geht indessen noch weiter in seinen Perspektiven. Wie sagte er doch, laut „congress & seminar“? Zitat:

> Das partizipativ-kooperative Führungsparadigma, das in den vergangenen Jahrzehnten teilweise den konventionellen autoritären Führungsstil ablösen konnte, ist auch nur ein Übergangsmodell. Die Zukunft gehöre dem *Konzept der Selbstführung*. Vorgesetzte hätten dann nur noch den Rahmen abzustecken für das autonome Handeln selbststeuernder Gruppen.

Aha! kann man da nur mit höchstem Erstaunen ausrufen. Autonome Gruppen schweben dem Herrn „Berater für Organisationsentwicklung“ vor! Ein Modell, das seine Nichtrealisierbarkeit in langjährigen, kostspieligen Versuchen erwiesen hat. Wenn das die „Neue Linie“ in Bad Harzburg ist . . .

3. Das Kreuz mit der Motivation

Zunächst sei kurz und bündig angemerkt, daß die Grundlage einer gekonnten Motivation die *Kommunikation* ist. Im Klartext: Wer als Chef mit seinen Mitarbeitern nicht ständig im Gespräch ist, wird kaum die richtigen Worte finden, wenn er sie überreden will, eine zusätzliche Leistung zu erbringen. (So etwas nennt man „motivieren“). Sein Versagen wird dann zwei Gründe haben:

- er kennt die Bedürfnisse seiner Mitarbeiter nicht;
- die Mitarbeiter durchschauen sein Manöver sofort und gehen auf Widerstand. (Tasso: „Man merkt die Absicht und man wird verstimmt“).

Wollen wir das Motivieren mal wieder an einem (nicht erfundenen) Beispiel demonstrieren: Auf einer Betriebsversammlung hielt ein Abt.-Direktor eines größeren Unternehmens eine Ansprache, in deren Verlauf er ausführte:

> Wie Sie, liebe Mitarbeiterinnen und Mitarbeiter, wissen, hat sich der Umsatz des Konzerns im abgelaufenen Geschäftsjahr erfreulich entwickelt. Der Ertrag hat allerdings nicht ganz unseren Erwartungen entsprochen. Wir haben uns deshalb Gedanken darüber gemacht, wie wir den unternehmerischen Erfolg steigern könnten. Nach eingehender Marktforschung hat die Geschäftsleitung beschlossen, in den kommenden Jahren auf den Skandinavischen Märkten zusätzliche Aktivitäten zu entfalten und dafür umfangreiche Mittel bereitgestellt. Um die Kosten für die notwendigen Neuinvestitionen etwas abzufangen, werden wir 2,5 Prozent des

> Personals abbauen, d. h. wir werden ausscheidende Mitarbeiter nicht mehr ersetzen. Wir erwarten Ihr Verständnis für diese Entscheidung und hoffen, daß jeder einzelne auch künftig alles in seinen Kräften stehende tun wird, um dieses weitgesteckte Ziel verwirklichen zu helfen!

Hat dieser Redner wohl schon einmal etwas von „Motviation" gehört? Gehört vielleicht schon — aber begriffen hat er sicher nicht, worum es dabei geht! Sonst hätte er nicht eine so stupide Rede gehalten, die genau das Gegenteil von dem erzielen muß, was der „Herr Direktor" beabsichtigte.

Versetzen wir uns doch einmal in die Situation einiger Zuhörer. Der eine denkt sich vielleicht: „Da schau her! Für die Erschließung eines neuen Marktes haben sie umfangreiche Mittel bereitgestellt! Aber mich vertröstet man schon über ein Jahr mit einer Gehaltserhöhung!"
Ein zweiter hat sich beim Hausbau übernommen und schlaflose Nächte wegen der Finanzierung. „Wenn die Firma einen Kindergarten einrichten würde, könnten wir unsere beiden Jungen dorthin schicken; dann könnte meine Frau wieder arbeiten gehen — und ich hätte meine Geldsorgen los!"

Die Sekretärin des Exportleiters denkt sich vielleicht: „Ach du liebe Zeit! Ich komme sowieso nie pünktlich aus diesem Laden hinaus! Mehr Export bedeutet noch mehr Überstunden: da wird sich mein Arthur bald eine andere suchen!"

Und dem Betriebsrat „stinkt er", daß, gegen seinen völlig wirkungslosen Protest, wieder Personal abgebaut wird. Das bedeutet aber: mit weniger Personal mehr Leistung erbringen!

Wohlgemerkt — es spielt gar keine Rolle, ob diese Sorgen einzelner Mitarbeiter objektiv berechtigt sind oder nicht! Oder ob die (beispielhaft) zitierten Personen vielleicht an ihren Schwierigkeiten selbst schuld sind. Tatsache ist, daß jeden einzelnen von ihnen im Augenblick diese Probleme bedrücken; und da jedem Menschen das eigene Hemd näher ist als die Weste der Firma, muß eine Ansprache wie die oben zitierte daneben treffen. Warum? *Weil der Herr Direktor nur von den Bedürfnissen der Geschäftsleitung gesprochen hat* — ohne die Bedürfnisse der Mitarbeiter auch nur zu erwähnen!

Wie anders klänge — und wirkte — diese Rede, wenn die o. a. Passage etwa so geklungen hätte:

> Liebe Mitarbeiterinnen und Mitarbeiter! Wie Sie wissen, hat sich der Umsatz unseres Hauses im vergangenen Geschäftsjahr recht erfreulich entwickelt. *Dafür möchte ich Ihnen allen im Namen der Geschäftsleitung Dank sagen!* Ohne *Ihren persönlichen Einsatz,*

der großenteils weit über das hinausgegangen ist, was wir erwarten durften, *wäre dieser Erfolg nicht möglich gewesen.*

Diese erfreuliche Entwicklung bedeutet *eine große Beruhigung für uns alle.* Gibt sie uns doch die Möglichkeit, etwaigen Schwankungen der Nachfrage auf unseren angestammten Märkten *durch das rechtzeitige Erschließen neuer Märkte* zu begegnen! Wir haben uns deshalb, nach eingehender Marktforschung, entschlossen, in den kommenden Jahren auf den Skandinavischen Märkten zusätzliche Aktivitäten zu entwickeln. Damit *beugen wir eventuellen Krisen vor,* was nichts anderes bedeutet, als daß *Ihre Arbeitsplätze,* und zwar nahezu vollständig, *gesichert bleiben!* Natürlich müssen wir alle etwas dazu tun, um *die nicht unerheblichen Investitionen* für die vorgesehene Exportinitiative zu ermöglichen und den Ertrag, der im letzten Jahr nicht zufriedenstellend gewesen ist, wieder wachsen zu lassen. Wir sind deshalb in der Geschäftsleitung davon überzeugt, *daß Sie Verständnis für das Opfer haben werden,* die Belegschaft — inklusive der abgehenden Rentner! — um insgesamt 2,5 Prozent zu reduzieren. Denn wenn der Ertrag wieder steigt, können wir mit der Gewißheit in die Zukunft gehen, *daß das Haus XYZ, unser gemeinsames Werk, auch die Stürme der schwierigen Umbruchszeit überstehen wird!* Wir alle, liebe Mitarbeiterinnen und Mitarbeiter, haben uns die Zeit nicht aussuchen können, in der wir leben und arbeiten müssen. Aber wir können etwas dazu tun, diese schwierigen Jahre *gemeinsam zu meistern!*

Ich denke, verehrte Leser, dieses Beispiel spricht für sich. Beachten Sie bitte, daß die *Fakten* für beide Reden die gleichen gewesen sind! Da hat sich nichts geändert. Nur *wie* diese Fakten dargestellt worden sind, nämlich beim zweiten Beispiel vor allem im Hinblick auf die Bedürfnisse und Ängste der Mitarbeiter — das hat die zweite Version zu einem kleinen Meisterwerk gemacht.

Nun werden Sie vielleicht sagen: „Alles schön und Gut! Aber ich bin kein Direktor und werde niemals einen großen Teil der Belegschaft motivieren müssen! Haben Sie es nicht zwei Nummern kleiner? Das Beispiel einer Einzelmotivierung?"

Bitteschön, lieber Leser — das können wir auch liefern! Nehmen wir an, die Geschäftsleitung suche einen neuen PR-Chef und hat die Stelle intern ausgeschrieben. Der Marketingleiter hat da in seiner Abteilung einen guten Texter sitzen, den er für viel begabter hält, als man allgemein glaubt. Aber dieser Mann hat überhaupt keinen Ehrgeiz! Auf Geld steht er auch nicht. Einer seiner „Stammsprüche" lautet: „Ich will nur so viel verdienen, daß ich mir ein kulturell anspruchsvolles Leben leisten kann!" Sein Gruppenleiter will dennoch einen Versuch machen, den „Herrn Emann" umzustimmen. Und im Anschluß an ein Gespräch über eine neue Werbekampagne sagt dieser Gruppenleiter:

> Herr Emann, Sie gehören zu den wenigen beneidenswerten Menschen, die ich kenne, die in erster Linie ihren Geist pflegen! — Nur nicht so bescheiden! Jedermann weiß, daß Sie eine ansehnliche Bibliothek zu Hause haben. Und bei manchen Kollegen heißen Sie nur „das Lexikon". — Sie wittern eine Falle, wenn ich so „süß" komme? Aber Herr Emann! — Mit mehr Geld könnte ich Sie sowieso nicht reizen? Auch das weiß im Hause schon die letzte Putzfrau! Wie alt sind Sie, Herr Emann? — 36. Schön. Sie haben also noch ein Vierteljahrhundert in unserem Hause vor sich, wie ich hoffe! Und die wollen Sie als „kleiner Texter" absitzen? Bei Ihren Qualitäten? — Aber Herr Emann, jetzt stellen Sie mal Ihr Licht nicht unter den Scheffel! Sie wissen nicht nur etwas, Sie können es auch transferieren. Mit einem Wort: Sie kommen an! — Was meinen Sie? Ich soll mit diesem Katz-und-Maus-Spiel endlich aufhören? Zu gerne, mein Lieber . . . Also, jetzt hören Sie bitte intensiv zu, damit Sie diese interessante Nachricht Ihrer Frau korrekt überbringen könnten: Ich habe Sie zum PR-Chef unseres Hauses vorgeschlagen! Der Personalchef würde sofort zustimmen. Wir sind uns einig, daß es für diese Position im Konzern keinen besseren Mann gäbe! So — jetzt reden Sie mal mit Ihrer Frau über diese Geschichte! Nächste Woche werde ich „in Demutshaltung" nach Ihrer Entscheidung fragen . . .

Es ist, im Grunde genommen, beinahe Unsinn, derartige „Gespräche" zu simulieren, verehrte Leser. Doch zeigen gerade solche Beispiele auf, wie schwierig es ist, für das Motivieren Regeln aufzustellen. Das ist genauso unsinnig, wie Verkaufsgespräche auswendig zu lernen. Man weiß nie, wie ein Kunde, selbst, wenn man ihn schon kennt, gerade an *diesem* Tag reagieren wird, wenn man zu ihm kommt.
Jedenfalls, ob man nun verkaufen, motivieren oder delegieren will: immer geht es um eine einzige „Spielregel":

> **Ich muß zuerst rauszubringen versuchen, welche Bedürfnisse ein Mensch hat, den ich beeinflussen will. Und dann muß ich ihm mein Produkt, meine Dienstleistung, eine andere Art von Arbeit oder meinen Wunsch nach einer höheren Leistung so „verkaufen", daß seine Bedürfnisse durch Annahme meines Angebotes befriedigt werden. Es gibt keinen anderen Weg der „Motivation"! Und wie man diesen Weg gehen könnte — dafür gibt es keine „patentierte" Gebrauchsanweisung!**

Allerdings kennen „ausgebuffte" Verhandler doch eine „Masche", wie man so ein Gespräch führen könnte, um möglicherweise Erfolg zu haben.

Wie Sie wissen, kommt es beim Schachspielen auf die *Eröffnung* an. Das heißt: eine falsche Eröffnung kann den Sieg kosten! Genauso ist es bei einem Verhandlungsgespräch! Deshalb heißt die Grundregel für jedes gut geführte Gespräch:

Stellen sie dem Verhandlungspartner eine Frage, auf die er antworten muß.

Da jeder Mensch am liebsten über sich selbst spricht, sollte die Frage immer auf Vorlieben, Erfolge, Verdienste etc. abzielen. Beispiele:

- Was tun Sie eigentlich zur Erhaltung Ihrer Gesundheit, um immer so fit zu sein?
- Haben Sie den Betrieb so stattlich, wie er hier steht, von Ihrem Vater übernommen?
- Welches Ihrer Kinder wird voraussichtlich den Betrieb übernehmen?
- Wie schaffen Sie es eigentlich, neben Ihrer Aufgabe als Geschäftsführer noch den Posten eines Clubpräsidenten wahrzunehmen?
- Bei Ihnen scheinen Arbeit und Hobby den gleichen Stellenwert zu besitzen. Wie schaffen Sie das eigentlich — auf beiden Gebieten erfolgreich zu sein?
- Sie unterhalten sich mit einem Maurerpolier genauso selbstverständlich wie mit einem Vorstandsmitglied. Wieso treffen Sie immer den „richtigen" Ton?

Und so weiter . . .

Niemand wird Ihnen auf eine derartige Frage eine Antwort verweigern. Ganz im Gegenteil! Es ist die Methode mit der größten Wahrscheinlichkeit, etwas über die Bedürfnissituation des anderen zu erfahren. Erst dann, wenn Sie die Bedürfnisse Ihres Gesprächspartners kennen, dürfen Sie mit einem Angebot kommen!
Ich habe bereits das Wort „Delegieren" ins Spiel gebracht. Aus gutem Grund . . .

4. Delegieren sollte man eigentlich auch . . .

In den USA habe ich als Teilnehmer an einem Management-Seminar einmal folgenden Spruch gehört: Ein Chef, der selbst den Lichtschalter betätigt, ist fehl am Platze! Das ist eine jener Übertreibungen, die ich liebe, weil sie durch die Überzeichnung das dahintersteckende Problem übertrieben aufhellen. Auf Hochdeutsch würde die Botschaft lauten: *Ein Chef sollte jede Arbeit abgeben, die auch ein Mitarbeiter ausführen könnte.* Doch da taucht schon das nächste Problem auf: Was tun, wenn ich keinen befähigten Mitarbeiter habe, dem ich eine Aufgabe übertragen könnte? Und schließlich, um das Unglück voll zu machen: Was tue ich als Chef, wenn ich zwar einen fähigen Mitarbeiter habe, dem ich etwas delegieren könnte — aber der Kerl will nicht? *Dann wird aus dem Delegations- ein Motivationsproblem!*

Sie erkennen aus diesem einfachen Beispiel ohne Schwierigkeiten, daß es beim „Führen" gewissermaßen um ein „Syndrom" geht: um einen Komplex zusammenhängender Symptome, hier um *Tätigkeiten, die immer zusammen auftreten:* Führen, delegieren, kritiseren, motivieren. Das sind gewissermaßen die „psychologischen" Bestandteile des Führens; dann gibt es aber noch die „kognitiven" Bestandteile: Planen, organisieren, entscheiden.

Bleiben wir also beim Delegieren:

Wenn ich angeblich keinen Mitarbeiter habe, dem ich etwas delegieren kann, so ist dies oft *Folge einer falschen Beurteilung:* ich bin mir als Chef garnicht darüber im klaren, wie vielseitig begabt so ein Mitarbeiter ist. Was ist zu tun? Ich probiere es aus! Ich gebe an so einen Mitarbeiter immer wieder Aufgaben ab, von der verschiedensten Art und mit verschiedenen Schwierigkeitsgraden. Ich muß ihm nur erlauben, Fehler zu machen! Und ich muß ihn — selbstverständlich! — loben, wenn er etwas gut gemacht hat. Am Ende so einer Serien-Delegation weiß ich, was ein Mitarbeiter kann und was nicht. Das ist eine sicherere Methode, als so einen Menschen einem (teueren) psychologischen Test zu unterwerfen. Vor allem kann ich damit auch weibliche Mitarbeiter testen: Ich gebe den Damen Gelegenheit, zu zeigen, was sie können! Diese nehmen in aller Regel die Herausforderung an. Lange Gesichter machen hinterher oft die männlichen Arbeitskollegen: wenn sich nämlich herausstellt, daß die Damen eine bestimmte Aufgabe besser bewältigt haben als vorher die Männer. *Fazit:* Delegation kann auch ein ausgezeichnetes Motivationsmedium sein!
Aus den USA habe ich noch eine weitere „Weisheit" mitgebracht: Wenn ein Supervisor feststellt, daß ein Mitarbeiter eine ihm übertragene Arbeit nicht bewältigt hat, dann fragt der Supervisor immer: *Kann er nicht oder will er nicht?* Im ersten Falle wird der Mitarbeiter auf ein Seminar geschickt; im zweiten Fall muß der Supervisor herausfinden, *warum* „this damned fucken guy" nicht will. Damit sind wir bei einem weiteren Problem angelangt, das auch bei uns eine Rolle spielt: *Es gibt Mitarbeiter, die wollen keine zusätzlichen Aufgaben übernehmen!* Mögliche Gründe:

- Ein „schwerfälliger Denker" versteht die Aufgabe nicht und hat Angst, sich zu blamieren;
- es hat einer kein Vertrauen in seine Fähigkeiten; vielleicht weil man ihm in der Kindheit immer gesagt hat, das verstehe oder könne er ja doch nie;

- es ist einer sehr unselbständig: ein „autoritätsverliebter Typ"; der kann nur Befehle ausführen;
- es hat einer Angst vor Kritik, falls er einen Fehler macht; wobei er die Kritik bzw. die Häme der Kollegen mehr fürchtet als die Kritik des Chefs;
- es identifiziert sich einer nicht mit der Firma; deshalb macht er nur seinen „Job" — und keinen Handstreich mehr;
- es ist einer ein Faulpelz, der sich grundsätzlich vor jeder Arbeit drückt; allerdings sollte so ein Mensch längst nicht mehr in Ihrer Gruppe sein!

Anmerkung zur Gesamtproblematik des „Führungssyndroms":

Da ein Betrieb aus *Menschen* besteht, stehen menschliche Probleme immer im Vordergrund. Deshalb gibt es keine „Patentregeln", die für jedes auftretende Führungsproblem brauchbar sind. Was ein Chef — auf jeder Ebene! — aufweisen sollte, ist mitmenschliches Interesse und Einfühlungsvermögen. *Dann genügt für das ganze Führen der „Common sense".*

5. Hier „Wessis", dort „Ossis" . . .

Ich habe im Sektor VI bereits darauf hingewiesen, *daß das Selbstwertgefühl das höchste Gut eines Menschen sei;* und daß bei Entscheidungsprozessen nicht nur materielle Faktoren eine Rolle spielten, sondern auch psychologische. Wenn die psychologische Komponente eines Problems nicht berücksichtigt wird, kann eine lege artis getroffene Entscheidung trotzdem zu einem Fiasko führen . . . Beschäftigen wir uns also zunächt einmal mit dem Selbstwertgefühl.

In der 1. Auflage meines „Train the Trainer", im Jahre 1973, habe ich ein von mir erdachtes Modell publiziert, das die sechs Wurzeln eines „gesunden" Selbstwertgefühls aufzeigt. Dieses Modell hat mittlerweile, als Folge der Übersetzungen ins Englische und Spanische, internationale Verbreitung erreicht und wird von vielen Trainern in ihren Seminaren vorgestellt. Für die „Newcomer" in der Management-Szene sei es nochmals kurz erläutert (siehe Abbildung auf Seite 78).

Das Selbstwertgefühl ist kein „Ding an sich", sondern ein außerordentlich komplexes Gebilde. Es hat sechs Wurzeln, die alle wenigstens in etwa „o. k." sein müssen, damit das Selbstwertgefühl (SWG) tatsächlich als „gesund" bezeichnet werden kann. Ist dies nicht der Fall, ist so ein Mensch „neurotisch", denn die Basis jeder Neurose ist ein beschädigtes SWG. Im „Seminar-deutsch" heißt dies: *Je tiefer das SWG im Keller, desto größer ist die Neurose.*

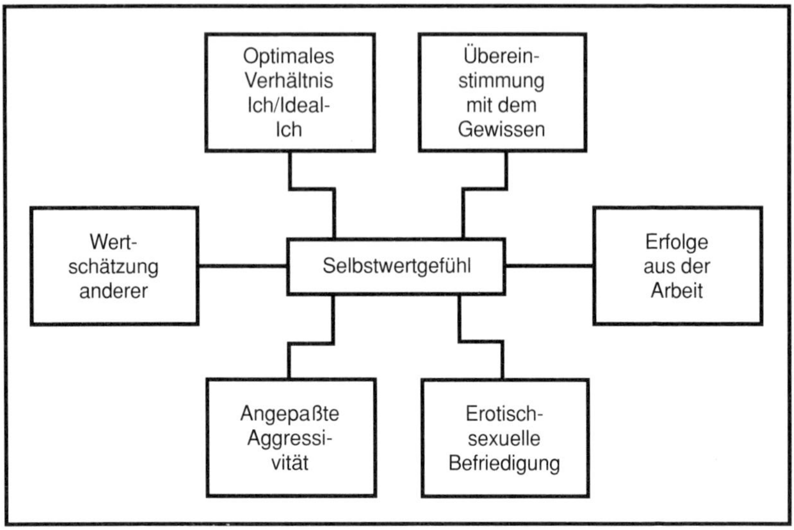

Nun gibt es Termini technici, die zwar nicht korrekt sind, sich aber in der Praxis „bewährt"haben. Einer von ihnen ist „das Ich". Wir verstehen darunter, im Umgangsdeutsch, gewissermaßen den „Kern unserer Persönlichkeit". Heute wissen wir, daß der Kern unserer Persönlichkeit das „Selbst" ist, und daß das Ich, aus etlichen Teil-Ichs bestehend, mit seinen Partikeln um dieses Selbst kreist, wie etwa Elektronen um den Atomkern. Dieses „Ich" bildet eine Art Schutzschild und verhindert damit erfolgreich, daß wir einen Zugang zu unserem Selbst gewinnen. Dieser Zugang gelingt, sofern wir ihn überhaupt wünschen, ausschließlich auf dreierlei verschiedene Weise: durch Traumdeutung, (Selbst-)Hypnose, tiefe Meditation. Doch wie dem auch sei: benützen wir den Ausdruck „Ich" weiterhin als das Medium, mit dessen Hilfe ich mich so zu sehen glaube, wie ich als Persönlichkeit bin. Oder, anders ausgedrückt: Mein Ich ist Grundlage meines „Selbstbildes".

Nun tragen wir alle zwei Arten von Selbstbildern mit uns herum. Das eine Selbstbild halten wir für realistisch, das entspricht also unserem (Real-) Ich. Nun wird dieses „reale" Ich aber in der Regel von einem anderen Ich zugedeckt, einem geschönten „Ideal-Ich". Das heißt, wir sehen uns alle intelligenter, talentierter und (sozial) potenter, als wir tatsächlich sind. Dies ist eine Schutzmaßnahme der Natur, damit wir nicht gewahr werden, wie schwach, träge, feige und verantwortungsscheu wir in Wirklichkeit sind. Das Ideal-Ich schützt uns also vor Depressionen. Das ist eine „normale“ Gegebenheit und bewahrt unser SWG vor Beschädigungen. Nun gibt es andererseits Neurotiker, deren Ideal-Ich entweder maßlos überhöht („Ich bin der Größte!“) oder unmäßig reduziert ist („Was bin ich doch für ein elender Versager!“). Diese Einstellung eines Menschen sich selbst gegenüber führt auf jeden Fall zu einer Schwächung seines Selbstwertgefühls. Es ist also anzustreben (als Entwicklungsstufe der Pubertät), daß keine große Diskrepanz zwischen Ich und Ideal-Ich besteht.

Die nächste Prämisse für ein gesundes SWG ergibt sich aus der Übereinstimmung mit dem Gewissen. Das setzt allerdings voraus, daß ein Mensch ein „Gewissen“ hat: das heißt moralische Grundsätze, die für ihn verbindlich sind. Hält er sich an diese Grundsätze, kann er sich abends beruhigt schlafen legen, getreu dem alten Spruch: „Ein gutes Gewissen ist ein sanftes Ruhekissen“. Wer also überwiegend „moralisch einwandfrei“ handelt, auch als Manager, tut damit etwas in positiver Weise für sein SWG.
Die bedeutendste (und rascheste) Steigerung des SWGs wird durch die Erfolge aus der Arbeit erzielt — und durch deren Anerkennung durch den unmittelbaren Vorgesetzten. Ich wiederhole: *Eine gute Leistung* **und** *deren Anerkennung sind geeignet, das SWG rasch und nachhaltig anzuheben!* Andererseits: Wenn gute Leistungen nie gelobt werden, führt dies zu einem „todsicheren“ und schleichenden Abbau des SWGs.

Die nächste „Wurzel“ eines gesunden Selbstwertgefühles ist die Wertschätzung der Person durch andere. Wir alle wollen nicht nur gelobt werden, weil wir „gute Schaffer“ sind, sondern wir wollen geschätzt werden, weil wir „ein sympathischer Mensch“, „ein guter Kumpel“ oder ganz allgemein „ein Pfundskerl“ sind. Wer, beispielsweise, ein hochqualifizierter, aber introvertierter Spezialist ist, wird meist wegen seines Fachwissens geschätzt — aber als Mensch und Kollegen mag ihn niemand. Solche Intelligenzbestien leiden unter dieser menschlichen Isolierung und versuchen letztlich, diesen unbefriedigenden Zustand durch Arroganz zu überspielen. Denn niemand kann auf Dauer mit einem verminderten SWG existieren, ohne (unbewußt!) etwas dagegen zu unternehmen.

Eine weitere Voraussetzung für ein gesundes SWG ist die „angepaßte Aggressivität“. Das betrifft nur Menschen, die ein starkes Energiepotential aufweisen und deshalb häufig „aus der Haut fahren“. Sie müssen lernen, ihre „cholerischen“ Anfälle zu zügeln, weil sie sich sonst bei ihren Mitmenschen so unbeliebt machen, daß sie entweder menschlich isoliert oder bei Gelegenheit aus dem Betrieb entfernt werden. Wer schon einige Male, z. B. im Zuge von Rationalisierungsmaßnahmen, eine Firma verlassen mußte, obwohl er „fachlich o. k.“ ist, weiß, wie diese Ungewißheit auf sein SWG drückt: Warum ist er wirklich entlassen worden? Und andere, die sich mit ihm fachlich nicht messen konnten, sind dageblieben! Denn, so ein Mensch kommt ja in der Regel nicht auf die Idee, den Grund für seinen Rausschmiß in seinem Charakter zu suchen . . .

Die sechste Voraussetzung für ein gesundes SWG ist die erotisch-sexuelle Befriedigung. Wobei „erotisch“ die seelische Übereinstimmung zweier Menschen bedeutet, „sexuell“ die körperliche. Auf beiden Ebenen muß eine befriedigende Kommunikation erzielt werden! Es gibt Paare, die sich intellektuell hervorragend verstehen und denen nie der Gesprächsstoff ausgeht — aber wenn so ein Paar intim wird, klappt irgendetwas nicht. Andererseits gibt es Paare, die sich nicht viel zu sagen haben — aber jeder „Bettgang“ ist ein voller Erfolg! Wenn es also einem Paar nicht gelingt, auf *beiden* Ebenen erfolgreich und befriedigend miteinander umzugehen, dann drückt dieser Zustand unweigerlich auf das SWG. Kein Zustand sorgt, bei Männlein wie Weiblein, schneller für die Schwächung des SWGs als sexuelle Frustrierung!

Welche Erkenntnisse kann uns dieses Modell vermitteln? Die folgenden:

- Von den sechs Wurzeln des SWGs kann ein Vorgesetzter *nur auf zwei Einfluß nehmen*: auf die Anerkennung einer erbrachten guten Leistung und auf die persönliche Wertschätzung eines Mitarbeiters.
- Auf die übrigen vier Prämissen für ein gesundes SWG kann und darf der unmittelbare Vorgesetzte keinen Einfluß nehmen; denn sonst würde er sich die Rolle eines Psychotherapeuten anmaßen!

Als Folge der Nichtbeachtung dieser Gegebenheiten wurde in der Vergangenheit schon in „bundesdeutschen“ Betrieben genug Mist gebaut. *Denn die Motivation ist nach wie vor der schwächste Punkt deutscher Manager.* Was sich allerdings seit einem Jahr in der „ehemaligen DDR“ an Mißmanagement abspielt, stinkt zum Himmel! Wobei als erschwerend hinzukommt, daß sich kaum Führungskräfte bundesdeutscher Unternehmen freiwillig „in den Osten“ meldeten. Was also haben die Geschäftsleitungen, z. B. die von Banken, Versicherungen und Handelsketten, getan? Sie haben Mitarbeiter durch höhere Bezüge und vor allem durch Beförderungen geködert. So kenne ich eine Reihe von Fällen, wo „Manager der zweiten Garnitur“, deren Karriere bereits auf der Abteilungsleiterebene zu Ende gewesen war, als frischgebackene Filial- oder Bezirksdirektoren im Osten ihre Herrschaft antraten. Und wie! Sie ließen Ihre neuen Mitarbeiter, *die sie motivieren und umschulen sollten,* zunächst einmal wissen, daß

- sie 40 Jahre lang alles falsch gemacht hätten;
- sie erst einmal lernen müßten, etwas zu „leisten“, das heißt mehr Arbeit pro Zeiteinheit zu erbringen;
- einem in der „Marktwirtschaft“ die gebratenen Tauben nicht in den Mund flögen. Uns sei in der BRD schließlich auch nichts geschenkt worden . . .

Mit anderen Worten: Viele dieser „vorbildlichen kapitalistischen Manager“ haben zunächst ihren neuen „Kollegen“ signalisiert, daß sie sie so ipso für „Flaschen" hielten; und daß ja wohl keine Rede von einer „Leistung" sein könne, die diese neuen Mitarbeiter erbrächten. Und sie ließen durchblicken, daß es geradezu eine Unverschämtheit sei, für diese erbrachte Minder-Leistung auch noch die gleichen Bezüge zu fordern, wie sie in der BRD üblich seien . . .

Überspitzt formuliert kann man folgern, daß viele unserer Notfall-Manager den „Ossis" die gleiche Einstellung entgegenbringen, wie sie das seit Jahrzehnten „unseren" Gastarbeitern gegenüber tun. Das sind letztlich alles zweitklassige Menschen, und so gehören sie auch behandelt . . .

Schließlich ist, im Umgang mit den Ostdeutschen, noch etwas anderes zu berücksichtigen: *der nationale Kontext.* Was heißt das?

„Kontext" heißt zunächst einmal, bei den Linguisten, das „Umfeld", in dem ein Wort angesiedelt ist — und *durch das es erst seine volle Bedeutung erlangt.* Wenn Beispielsweise in einer Zeitungsnachricht etwas von einem „Damenschuh" steht, so interessiert diese Meldung keinen Menschen. Wenn es aber weiterhin heißt: „. . . der Damenschuh, der einer bekannten Prostituierten gehörte . . .", so wird diese Meldung schon informativer (und attraktiver). Wenn die Meldung schließlich mit der Feststellung endet: „. . . die in der vergangenen Nacht in ihrem Luxusappartement mit einem Strumpf erdrosselt worden ist" — dann weiß auch der unbedarfteste Leser, was es mit diesem Schuh für eine Bewandtnis hatte. Man merke sich also: *Das Umfeld ist für die Bedeutung eines Wortes wichtiger als das Wort selbst!*

Das gleiche gilt für Menschen und ihr Denken bzw. ihr daraus resultierendes Verhalten. So sollten auch jüngere Manager, die das Dritte Reich nicht erlebt haben, aus den Medien wissen, wie wesentlich das Verhalten von Menschen(massen) durch eine gezielte Indoktrination bestimmt wird. So war die Basismotivation in der ehemaligen DDR ein praktizierter („real existierender") Sozialismus. Die meisten „Wessis", die heute darüber die Nase rümpfen, wissen nicht einmal, was der „Sozialismus" in seiner idealen Form eigentlich erstrebte. Ich zitiere deshalb aus „Meyers Kleinem Lexikon Philosophie" (von 1987):

> Zuerst in Frankreich (socialisme) verwendete Bezeichnung für Ideal und Wirklichkeit einer sozialen Ordnung, in der das Wohl der Gemeinschaft bestimmend ist, nicht die „Interessen" einzelner Menschen, Klassen, Parteien, Wirtschaftsgruppen, Stände.
>
> *Hauptforderungen:*
>
> - Demokratischer Sozialismus innerhalb parlamentarischer Mehrparteiendemokratien;
> - individuelle Freiheitsrechte (Meinungs-, Versammlungs-, Presse-, Reisefreiheit);

- soziale Sicherheit, Gleichheit und Gerechtigkeit für alle sollen garantiert sein;
- Solidarität mit den Unterprivilegierten und Minderheiten;
- Versöhnung von Mensch und Natur.

Soweit das Zitat aus einer neutralen Quelle. Es ist vielen jüngeren Bürgern der DDR, die „drüben" geboren und aufgewachsen sind, zu unterstellen, daß sie an dieses sozialistische Ideal geglaubt haben. Das waren nicht alles schäbige Mitläufer, die nur in der Partei waren, um Karriere zu machen oder Ausbildungsvorteile zu haben. Und die zahlreichen unbezahlten Sonderschichten, die über einen Zeitraum von Jahrzehnten geleistet worden sind, wären ohne Idealismus gar nicht möglich gewesen.
Im „manager magazin" 1/1991 ist ein Interview mit Margarete Mitscherlich nachzulesen, aus dem ich hier einige Passagen zitiere:

> **mm**: . . . Sie selbst sind kürzlich in den neuen Bundesländern gewesen. Was ist Ihnen aufgefallen?
> **Mitscherlich**: Nun, besonders berührt hat mich, daß sich die Leute dort enorm minderwertig fühlen. Nichts, was bei ihnen gut war, ist jetzt noch gut. Außerdem wagt niemand mehr, auf das Positive in der ehemaligen DDR hinzuweisen; aus Angst, für einen verkappten Stasi-Mitarbeiter, SED-Kader oder gar Stalinisten gehalten zu werden.
> **mm**: Woher rührt dieser Mangel an Stolz, Mut oder Selbstbewußtsein, jetzt, da die Menschen zum ersten Mal frei sagen können, was sie denken?
> **Mitscherlich**: Mutig, stolz und selbstbewußt sind die wenigsten Menschen — im Westen wie im Osten. Wir sind es ganz plötzlich geworden, weil wir jetzt auf die Ossis hinabblicken können. Im Umgang mit dem westlichen Ausland, England und Frankreich etwa, leiden wir ja selbst unter Minderwertigkeitskomplexen, weil uns dort die zwölf Jahre Hitlerismus nicht verziehen werden. Verachtung in dieser Form haben die Menschen in der DDR bisher nicht erlebt. Im Gegenteil. Weil die Deutschen ihren Plan immer ein bißchen besser erfüllt haben als Polen oder Tschechen, waren sie sogar die Vorzeigebürger unter den sozialistischen Brüdervölkern.

Fazit: Kapitalismus und Sozialismus sind unvereinbar. Wer aber an den Sozialismus geglaubt hat und dafür eine Menge Mißlichkeiten hat hinnehmen müssen, muß es sich heute nicht gefallen lassen, von saturierten Wohlstandsbürgern aus dem Westen, denen seit ihrer Geburt keinerlei persönliche Opfer abverlangt worden sind, gedemütigt zu werden: etwa von dreißigjährigen „Managern", die sich wie Halbgötter gebärden und die teilweise fachlich und menschlich „Second-hand"-Produkte unserer Leistungsgesellschaft sind. Und die nur Führungspositionen im Osten Deutschlands ergattern konnten, weil niemand anderes da war . . .

6. Resümee Nr. 6

- Fred E. Fiedler, amerikanischer Unternehmensberater, hat festgestellt, daß *jeder* Führungsstil durch drei Faktoren bedingt sei:
  * den Charakter des Führers
  * die Qualifikation der Mitarbeiter
  * die Situation, in der einer führen muß.
- Je nach Qualifikation der Mitarbeiter ergibt sich der Führungsstil entweder als vorwiegend aufgaben- oder mitarbeiterbezogen.
- Wenn die innerbetriebliche Situation gegen einen Manager ist, kann dieser seine Ziele nicht realisiern. Das gilt auch für politische Manager: Siehe Gorbatschow gegen die alten Kader.
- Der Charakter eines Führers spielt die ausschlaggebende Rolle überhaupt. Eigenschaften, die einen Führungserfolg ermöglichen:
  * Dominanzstreben
  * Flexibilität
  * Durchsetzungsvermögen
  * Kommunikationsfähigkeit
  * Motivationsfähigkeit.
- Das „Dominanzstreben", der „Wille zur Macht", ist nur unabdinglich, wenn so ein Pyramidenkletterer den Gipfel erreichen will. Für das Mittelmanagement genügt ein abgeschwächtes Dominanzstreben. Aber: ganz ohne geht es nicht!
- Es gibt keinen „optimalen" Führungsstil, mit dessen Hilfe alle Situationen gemeistert werden können.
- Es besteht ein Abhängigkeitsverhältnis zwischen Führer und Geführten: beide sind aufeinander angewiesen.
- Angestellte Mitarbeiter erhoffen dreierlei:
  * einen sicheren Arbeitsplatz
  * möglichst viel Geld zu verdienen
  * eine Arbeit, die Spaß macht.

  So lange dies gewährleistet ist, hat ein Chef von seiner Gruppe nichts zu befürchten.
- Ein Manager ist heute nicht mehr in erster Linie Vorgesetzter laut Position im Organigramm, sondern vor allem Animator und Moderator.
- Das Führen wird durch eine „Vision", die vom gesamten Management vorgelebt wird, außerordentlich erleichtert.
- Ein Führer sollte versuchen, in seinem „Haufen" einen Korpsgeist zu erzeugen: Wir gehören zur Elite der Firma!

- Fazit: Erfolgreiches Führen ist in erster Linie die Konsequenz des Führer-Charakters, nicht die irgendeines Führungsstiles.
- Es wird viel über den „Wandel im Management“ gesprochen — doch ein realistisches, umsetzbares Konzept ist (noch) nicht in Sicht.
- Grundlage jeder effektiven Motivation ist eine funktionierende Kommunikation.
- Wenn ein Chef nicht ständig mit seinen Mitarbeitern im Gespräch ist, kann er die Bedürfnisse seiner Mitarbeiter nicht kennen.
- Es gibt nur eine „Spielregel“ für erfolgreiches Motivieren: Ich muß zuerst die Bedürfnisse meines Gesprächspartners eruieren und ihm dann ein Angebot *derart* machen, daß bei dessen Akzeption die Bedürfnisse des Partners befriedigt werden.
- Wie beim Schachspielen kommt es bei einem Motivierungs- oder Verkaufsgespräch sehr auf die Eröffnung an. Grundregel: Man stellt eine Frage, die der andere beantworten *muß*!
- Um zu delegieren, muß ich einen qualifizierten Mitarbeiter haben, dem ich eine Aufgabe (*nicht* die Verantwortung!) übertragen kann.
- Die Verantwortung bleibt immer beim delegierenden Chef. Wenn dessen Mitarbeiter „Mist baut“, wird der Chef immer von *seinem* unmittelbaren Vorgesetzten zur Rechenschaft gezogen. Das ist auch richtig so.
- Die Delegation ist die einzige Möglichkeit festzustellen, wo die Stärken oder Schwächen eines Mitarbeiter liegen.
- Wenn ein Mitarbeiter bei Erfüllung einer Aufgabe versagt, muß ich mich als Chef fragen: Kann er nicht oder will er nicht?
- Es gibt grundsätzlich drei Typen von Mitarbeitern:
    * Die „Gipfelstürmer“: sie passieren auf dem Wege nach oben einige Stationen im Mittelmanagement, um dort beurteilt zu werden. Von denen kann ein Gruppen- oder Abteilungsleiter nicht viel erwarten, da sie ja nur „auf Zeit“ präsent sind. Das heißt: für länger dauernde Aufgaben kann man diese „Mit-Arbeiter“ nicht einspannen;
    * dann gibt es jene, die nur einen „Job“ brauchen;
    * und schließlich gibt es jene, die den Sinn ihres Lebens in der Arbeit sehen. Nur diesen letztgenannten Typ kann man mit Erfolg motivieren.
- Wer als Chef, ganz gleich auf welcher Ebene, wenigstens in einem noch vertretbaren Mindestmaß mitmenschliches Interesse und Einfühlungsvermögen aufweist, braucht sich um einen „Führungsstil“ keine Gedanken zu machen: weil sich alles übrige aus dem Gebrauch des „gesunden Menschenverstandes“ ergibt, dem „Common sense“.

Ergänzung zum Teil I

Mandala zum Vor-Denken und Nach-Denken

Verehrter He-/She-Reader! Angenommen, Sie hätten eine neue Führungsposition eingenommen: Sei es, daß Sie den Sprung vom Sachbearbeiter zum Gruppenleiter geschafft hätten, auf der Basis eines Bereichs- oder Firmenwechsels; oder sei es, daß Sie als bereits „bestallter" Chef in ein anderes Revier wechseln: In jeder dieser (möglichen) Situationen stehen Sie, zunächst einmal, herum wie der berühmte „Ochse vor der neuen Türe". In dieser Situation ist zweierlei nötig: *kaltes Blut bewahren und in Ruhe nachdenken!* Was ist das Neue, das Besondere an meiner Situation? Und: welche Aufgabe habe ich, gleichzeitig mit der neuen Position, übernommen?

Bei diesem Denk-Spiel soll Ihnen das Mandala helfen, das bereits am Anfang dieses Buches vorgestellt worden ist. Wie Sie gesehen haben, ist der Aufbau des Textes analog zu dieser Mandala-Struktur erfolgt. Und nun soll Ihnen das Mandala behilflich sein, Ihre neue Situation zu überdenken. In diesem Falle dient das Mandala als Hilfe zum Vor-Denken. Das heißt, Sie werden anhand der Mandala-Gliederung Ihre *neue* Situation und die damit verbundene Aufgabe kognitiv *vorwegnehmen.*

Sie können das Mandala aber auch — mit Gewinn! — benützen, um eine hinter Ihnen liegende Periode nochmals zu überdenken und zu beurteilen; wenn Sie beispielsweise von einer Führungsposition in der Firma A in eine solche der Firma B wechseln. In diesem Fall dient das Mandala als Hilfe zum Nach-Denken: Welche Führungsfehler haben Sie möglicherweise gemacht, die Sie in Ihrer künftigen Position vermeiden könnten? Buddha hat einmal gesagt: Jede Wiedergeburt ist eine Chance, sein Karma aufzuarbeiten. Betrachten Sie also die Position in einer neuen Firma wie eine Wiedergeburt — und als Chance, nicht mehr in alte Fehler zurückzufallen — *weil Sie diese Fehler denkerisch aufgearbeitet haben*!

Also, fangen wir an! Legen Sie das Bild **Mandala** vor sich hin und meditieren Sie über den **Sektor I**: *Wie sieht meine Persönlichkeitsstruktur zur Zeit aus?* Welcher Ich-Zustand dominiert mein Verhalten eindeutig? Habe ich meinen Charakter in den vergangenen Jahren modifiziert? Wie hat meine Umgebung darauf reagiert? Wie beurteile ich mein Aussehen, meine Haltung und Gestik, wenn ich mich auf einer Video-Aufnahme sehe?

Was ist das Leitmotiv meines Lebens? Was ist mir am wichtigsten: Macht, Status, Geld? Wie sieht mein philosophischer und religiöser Hintergrund

Mandala zum Vor-Denken und Nach-Denken

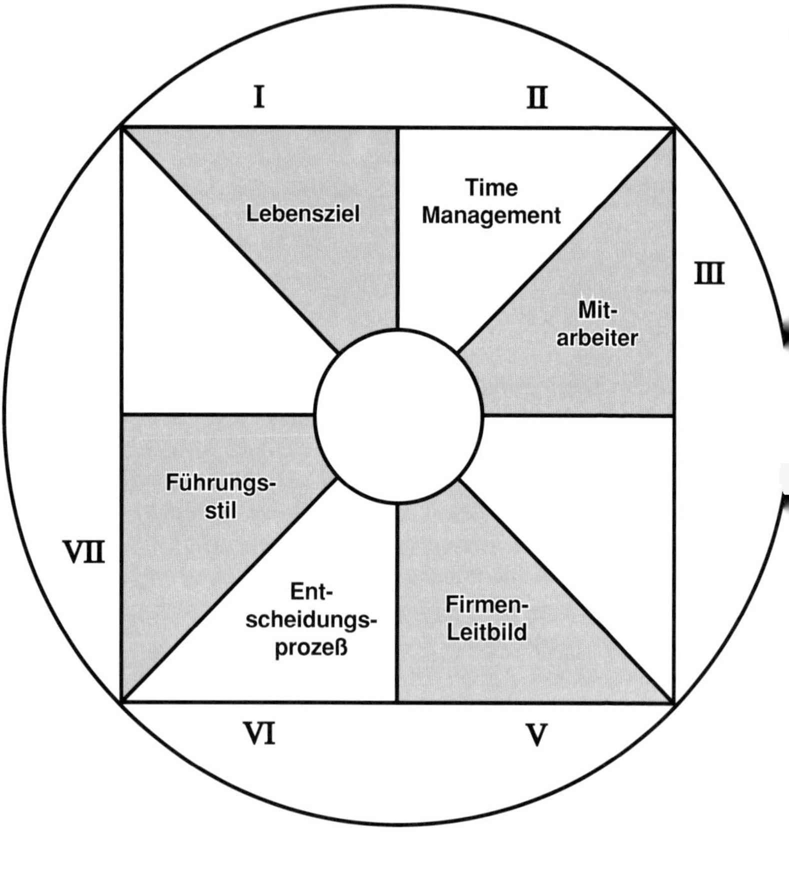

SEKTOR I

- Persönlichkeitsstruktur
- Motivatoren: Macht Status Geld Helfen
- Das ideale Kapital

SEKTOR II

- Zeit hat immer mit Tod zu tun
- Primäre und sekundäre Manager-Aufgaben
- Zeiteinteilung nach L. J. Seiwert
- Das Lese-Soll
- Kennenlernen der Sekretärin
- S: Terminkalender und Ablage
- Psychologie der Sekretärin
- Sekretärin als Assistentin
- Neuer Chef im neuen Umfeld

SEKTOR III

- Beurteilung von Mitarbeitern
- Leistungsbegriff als Basis der Beurteilung
- Bewertungs-Matrix
- Gruppe und Team
- Spielregeln für Teamarbeit
- Projektgruppe und Task force
- Quality Circle

SEKTOR VII

- Fiedler-Modell
- Abhängigkeit Führer: Geführte
- Manager als Animator und Moderator
- Grundlagen für den Führungserfolg
- Spielregel für die Motivation
- Das Führungs-Syndrom
- Kunst der Delegation
- Delegations-Resistenz

SEKTOR VI

- Grundmodell (3 Phasen)
- Timing + Routine
- Positionseffekt Sicherheit und Erfolgswahrscheinlichkeit
- Iacoccas Entscheidungsprinzipien
- Entscheider Typ A + B
- Falsche Analyse
- Falsche Entscheidung besser als keine

SEKTOR V

- Muster eines Firmenleitbildes
- Firmenpolitik: Szenario-Technik

aus? Habe ich mir so etwas wie eine „Weltanschauung“ erarbeitet: als Struktur, die micht trägt und hält?

Springen Sie jetzt zum **Sektor V**: Hatte Ihre letzte Firma ein Firmenleitbild? Wurde es auch vorgelebt? Konnten Sie sich damit identifizieren? Und wie ist es mit Ihrem neuen „Brötchengeber“? Wurde bei Ihrem Einstellungsinterview überhaupt darüber gesprochen?

Ihre persönliche Zielsetzung nützt Ihnen nichts, wenn Sie es nicht verstehen, sich selbst und Ihre Arbeit zu organisieren! Wenden wir uns also jetzt dem **Sektor II** zu: Haben Sie sich schon einmal *Gedanken über den Tod* gemacht — oder verdrängen Sie diese wichtigste Gegebenheit unseres Lebens immer wieder? Wir alle sollten unser Leben, wie lang oder weniger lang es sich immer erstrecke, als eine *einmalige Chance* betrachten. Und davon auch nicht eine Minute vertrödeln! Der römische Dichter Horaz (65 bis 8 v. Chr.) drückte das so aus: Carpe diem! („Nütze den Tag!“). Dies sollte auch Ihr vornehmstes Anliegen als Manager sein. Chefs, die immer jammern, daß sie keine Zeit hätten, können sich ihren Tag nicht einteilen. Psychologische Feldstudien haben eindeutig ergeben, daß auch die effektivsten Manager noch 30 Prozent ihrer Arbeitszeit verplempern: mit Besprechungen, bei denen nichts herauskommt und mit unnötigen Telefonaten. Damit wären wir bei der Zusammenarbeit mit Ihrer Sekretärin angelangt . . .

Ein Manager kann überhaupt nur zur Hochform auflaufen, wenn er eine Sekretärin hat, die diese Bezeichnung wirklich verdient — und *wenn er mit ihr sehr gut auskommt.* Das schließt sexuelle Kontakte aus. Es soll ja Chefs geben, die glauben, ihre Sekretärin hätte den geheimen Wunsch, mit ihnen ins Bett zu steigen. Zuweilen gibt es auch Sekretärinnen, die ausschließlich darauf aus sind, sich einen ledigen Chef als „Mann fürs Leben“ zu angeln . . . Also, ein für allemal: Liebe im Chefbüro „rechnet sich nicht“!

Eine Sekretärin ist, zunächst einmal, ein Mensch mit einem empfindlichen Selbstwertgefühl (genau wie ihr Chef!). Dieses Selbstwertgefühl kann sie nur aufrecht erhalten, wenn sie für ihre Leistungen — wenigstens ab und zu! — gelobt wird; und wenn der Chef ihr durch sein Verhalten signalisiert, daß er sie als *die* Person wertschätzt, die sie ist — mit ihren Vorzügen und Schwächen. Man kann also das Verhältnis Chef—Sekretärin wie folgt beschreiben:

- beide achten einander wegen ihrer beruflichen Qualifikation;
- beide wertschätzen sich als die Persönlichkeiten, die sie sind;
- beide sind durch Loyalität miteinander verbunden und nehmen sich gegenseitig gegen etwaige Angriffe Dritter in Schutz;
- beide betrachten das Erreichen der von der Geschäftsleitung dem Chef gesteckten Ziele als ihre *gemeinsame* Aufgabe;

- beide spüren die *immer* (zwischen „normal gepolten Menschen") vorhandene sexuelle Spannung — und ignorieren sie!

Im übrigen ist es selbstverständlich, daß sich Chef und Sekretärin über alles Wesentliche informieren. Nur so kann die Sekretärin die Funktion einer Assistentin erlangen und ihrem Chef so viel Arbeit wie möglich abnehmen. Und nun überlegen Sie einmal, verehrter männlicher Leser: Wie war die Zusammenarbeit mit Ihrer letzten Sekretärin (falls Sie eine hatten)? Haben Sie da vielleicht psychologische Fehler gemacht? Wie wollen Sie sich (und die neue Sekretärin) vor einem Rückfall in schlechte Gewohnheiten schützen? Falls Sie eine Dame sind: Haben Sie vielleicht Ihren früheren Chef zuweilen merken lassen, daß er nicht „der Größte" ist und sich über ihn mokiert? Oder haben Sie ihn, wegen privater Interessen, manchmal aufsitzen lassen, wenn es „gebrannt" hat?

Wie bereits erwähnt, spielt das *Timing* im Leben eines Managers eine wesentliche Rolle. Unter anderem beim Entscheidungsprozeß (**Sektor VI**). Machen Sie sich bitte tagtäglich klar, daß wir in einer Welt leben, in der alles immer schneller abläuft: Der Markt verändert sich beängstigend schnell — deshalb muß im Unternehmen möglichst *noch schneller agiert* werden. Denn wer als Manager immer nur *re*agiert, geht mit Sicherheit baden . . .

Deshalb ist es notwendig, Entscheidungen auch dann zu fällen, wenn nicht alle für notwendig erachteten Informationen zur Verfügung stehen. Wie sagt Iacocca? Da ich *nie* alle notwendigen Informationen parat habe, muß ich irgendwann losschlagen — und die Fehler unterwegs korrigieren! Die Todsünde der meisten deutschen Mittelmanager (in Konzernen) ist ihre Feigheit! Ohne mehrfache Absicherung unternehmen sie in aller Regel nichts — auch wenn ihnen zuweilen a priori ein beträchtlicher Spielraum zugestanden worden ist . . . Und Sie, verehrter Manager-Leser? Welche Art Manager sind Sie: vom „Typ A" oder vom „Typ B"?

A propos „Lesen" . . . Was lesen Sie eigentlich regelmäßig? Eine Boulevard-Zeitung und ein paar Illustrierte mit anregenden Bildern? Oder lesen Sie sogar eine Fachzeitschrift?

Die beiden Gründer der zurecht weltberühmten Mayo-Klinik hinterließen ihren Ärzte-Söhnen testamentarisch die Auflage, *täglich zwei Stunden Fachliteratur* zu lesen! Wie wäre es, wenn Sie sich wenigstens zu *einer* Stunde durchringen würden? Sie haben keine Zeit? Aber, aber . . . man hat immer Zeit, wofür man sich wirklich interessiert! Machen Sie das Lesen von anspruchsvoller Literatur zu Ihrem Hobby — dann werden Sie auch Zeit dafür finden!

Möglicherweise haben Sie, verehrter Leser, auch schon einmal den Stoßseufzer irgendeines Unternehmers gehört: „Unternehmer sein wäre ein herrlicher Beruf — wenn nicht der ständige Ärger mit dem Personal wäre!“ Damit sind wir beim **Sektor III** unseres Mandalas angelangt. Grundsätzlich ist hier anzumerken, daß es „das Problem als solches“ nicht gibt. Es gibt Situationen, die erscheinen dem einen als „Problem“ — einen anderen kratzt diese Situation überhaupt nicht: aufgrund seiner Lebens- und Berufserfahrung löst sich das „Problem“ in nichts auf, kaum daß es aufgetaucht ist . . . Wenn also Chefs davon sprechen, daß sie ewig „Personalprobleme“ hätten, dann heißt das im Klartext, *daß sie a priori eine falsche Einstellung zu den Menschen haben.* Wer, als Chef, Mitarbeiter nur als computeraufbereitete Ziffern in der Personalliste sieht, kann von derartigen „Objekten“ keine hohen Leistungen erwarten. Und wenn er sie, mehr oder weniger autoritär, fordert — dann machen solche Mitarbeiter „Dienst nach Vorschrift“, produzieren Ausschuß und fahren ab und zu einen Firmenwagen zu Schrott . . .

Da gibt es, beispielsweise, Türken, die gehören schon Jahre zum Unternehmen und leisten, auf ihrem Platz, konstant gute Arbeit. Wie verhalten Sie sich als Manager, wenn Sie so einem Mitarbeiter auf dem Parkplatz begegnen? (Sonst bekommen Sie ihn sowieso nicht zu Gesicht!) Erwidern Sie seinen Gruß *so*, daß der Türke das Gefühl hat, sie würden ihn als *Menschen* einstufen?

In einem von mir betreuten Betonwerk kam (vor ein paar Jahren) ein spanischer Gastarbeiter an. Die vier Partieführer, allesamt Poliere, waren sich schnell einig, daß dieser Mann arbeitsunwillig sei und zehn Daumen hätte. So hatte sich der dienstälteste Polier geäußert, der ihn als erster in seiner Partie gehabt hatte — und die Kollegen übernahmen dieses Vorurteil prompt. Der Werksleiter indessen, ein intelligenter Bauingenieur mit Menschenkenntnis, setzte den Spanier an verschiedenen Plätzen ein, wo er allein arbeiten konnte. Und siehe da — innerhalb kurzer Zeit war eine Tätigkeit gefunden, die der Spanier so gut ausführte, wie noch kein Deutscher vor ihm: er bediente den elektrisch gesteuerten Laufkran, mit dem die Spannbetonteile auf Tieflader verladen wurden. Ja, das konnte dieser „arbeitsscheue Ausländer mit seinen zehn Daumen, der nur nach Deutschland gekommen war, um die hohen Zuschläge für seine vielen Kinderchen zu kassieren“ . . .

Der Gründer (und Präsident) der Firma Sony beschreibt in seinem Buch „Made in Japan“ den Unterschied der Bewerberauswahl in den USA und in Japan durch sein Beispiel von den „Mauern“. So vergleicht er amerikanische Unternehmen eher mit Ziegel-, japanische hingegen mit Steinmauern. Damit will er sagen, daß es in den USA ein starres Anforderungsprofil für jeden Arbeitsplatz gibt. Zeigt sich bei der Einstellungsprüfung, daß ein Bewerber über- oder unterqualifiziert ist, wird er gewöhnlich abgelehnt. Deshalb spricht Morita von einer Ziegelmauer: das Format eines jeden Steines ist zwecks idealer Einpaßbarkeit bereits im voraus festgelegt. Anders Moritas „japanischer Stil“: Man stellt den Bewerber ein und versucht im Laufe der Zeit festzustellen, wie er sich am zweckmäßigsten einsetzen läßt. Wir haben es also mit einer zwar hochqualifizierten, aber doch wenig homogenen Gruppe zu tun (erläutert Morita). Das bedeutet: Der Unternehmer schaut sich seine rohen, unbehauenen Steine lange an, soll er sie doch auf bestmögliche Weise zu einer stabilen Mauer zuammenfügen. Manche Steine sind rund, andere sind Würfel, Quader, groß und klein . . . Die Unternehmensleitung muß darauf achten, wie sie sich zusammenfügen lassen. Da die Menschen mit den Jahren reifer werden, muß der japanische Manager berücksichtigen, daß seine „Steine" von Zeit zu Zeit ihre Form ändern. Das Unternehmen selbst ändert sich auch, so daß es immer wieder nötig sein wird, den einzelnen „Stein" an anderer Stelle einzufügen. Das bedeutet letztendlich: *Die Anpassungsfähigkeit von Belegschaft und Geschäftsleitung ist zum Gütezeichen japanischer Unternehmen geworden.* Als deutscher Unternehmensberater kann man angesichts dieser humanen und effizienten Einstellung nur noch vor Neid erblassen . . .

Ich glaube, verehrte Leser, daß ich mir weitere Worte über die Behandlung von Mitarbeitern ersparen kann. Wer durch diese Beispiele nicht erkannt hat, worauf es bei der Menschenführung ankommt, dem ist nicht zu helfen . . . Und die Ausrede, daß man in den Geschäftsleitungen auch nicht gerade zimperlich verfährt, wenn es darum geht, eine Division aufzulösen und ein paar Tausend Menschen auf die Straße zu setzen: diese typisch kapitalistische Gepflogenheit *entbindet die Manager der unteren Ebenen nicht von der Pflicht, ihre Untergebenen „anständig" zu behandeln.* Nicht, weil das die „Bergpredigt" verlangt. Sondern weil in unserer „aufgeklärten" Neuzeit ein zivilisierter Mitarbeiter verlangen kann, daß man ihn am Arbeitsplatz wie einen Menschen behandelt; und nicht wie ein Stück Vieh, das mit verbundenen Augen den ganzen Tag über im Kreise herumläuft. Im übrigen erbringt ein anständig behandelter Mitarbeiter konstant gute Leistungen . . . „Es rechnet sich" also, wenn man Mitarbeiter anständig behandelt.

Ich habe mal wieder übertrieben, natürlich absichtlich . . . In unserer Zeit der Sensationspresse und der täglichen Fernsehgrausamkeiten *muß man als Autor gelegentlich dick auftragen, damit die Botschaft ankommt . . .* Sie sehen, verehrte Leser beiderlei Geschlechts, zu welch tiefen und wertvollen Denk-Spielen so ein Mandala anregen kann. Nützen Sie es, bitte!

Sie wissen jetzt, wie man führt

Ich erlaube mir, den Schluß des Teiles I mit einigen allgemein gültigen Gedanken zur Problematik des Managens abzurunden: Alle großen Unternehmer, von Ford bis Nixdorf, haben niemals ein „Management-Seminar" besucht. Sie „wußten", wie man ein Unternehmen aufbaut und führt. Das heißt, sie waren in zweifacher Weise begabt: Sie hatten Phantasie und konnten deshalb eine „Vision" entwickeln. Sie sahen, was sie erreichen wollten, als fertiges Gebilde vor ihrem geistigen Auge. Und sie hatten die Gabe, ihre Mitarbeiter so mitzureißen, daß diese die Chef-Vision realisieren konnten.

Es gibt, im Gegensatz zu den unternehmerisch denkenden Menschen solche, die sich auf keinen Fall zum Manager eignen; zum Beispiel

- die Introvertierten,
- die Risikoscheuen,
- die Unflexiblen und
- jene, die weder Dominanzstreben noch Durchsetzungsvermögen aufweisen.

Zwei wesentliche Eigenschaften für erfolgreiches Führen sind Einfühlungsvermögen in die Charaktere der Mitarbeiter; und ein Wertsystem, das *tatsächlich* Basis des Lebens ist. Ich darf Ihnen den Punkt „Einfühlungsvermögen", heute gerne als „Empathy" bezeichnet, an zwei Beispielen erläutern. Beispiele übrigens, die für mich seinerzeit „Schlüsselerlebnisse" gewesen sind.

Bei Kriegsbeginn arbeitete ich als Praktikant in einer kleinen Maschinenfabrik in München. Der Betrieb war Zulieferer für Messerschmitt und Heinkel. Damals wurden Mädchen und Frauen dienstverpflichtet, in solchen Rüstungsbetrieben zu arbeiten: Verkäuferinnen, Kellnerinnen, Abiturientinnen . . . Gearbeitet wurde in zwei Schichten, jeweils eine Woche Tagschicht und die folgende Woche Nachtschicht.

Es gab pro Schicht einen Meister, der für alles verantwortlich war. Einer von ihnen hieß Doleschi, ein Feinmechanikermeister von etwa 30 Jahren. Er war nicht nur ein Könner in seinem Fach, sondern vor allem ein erstaunlicher Motivator. Übrigens ein Mensch, der nie laut wurde . . .
Wir arbeiteten alle im Akkord. Wenn nun eine der jungen Frauen zu langsam war, mußte der Meister etwas dagegen tun. So hörte ich eines Tages, wie er zur Abiturientin an der Bohrmaschine sagte: „Fräulein Maurer: wenn Sie Ihren Luxusakt nicht schneller bewegen, werden Sie Schwierigkeiten bekommen! Mit dem Betriebsingenieur nämlich, der gleich hereinkommen wird — mit der Stoppuhr in der Tasche!" Und einer Kellnerin, die Zahnräder fräste, klatschte er auf den strammen Hintern und sagte: „Marie, wenn Du nicht einen Zahn zulegst, stell ich Dich zum Scheißhausputzen ab! Hast mich?" Mit anderen Worten: dieser begnadete „Meister vom alten Schlag" verstand es, jeden so anzureden, wie er es erwartete und verdiente.

In diesem Betrieb arbeiteten (in meiner Schicht) nur vier Männer: ein Oberschlesier an der Vorschrupp-Bank, ein intelligenter Halbjude an der

Schleifmaschine, ein echter Donau-Dampfschiffahrtgesellschafts-Kapitän an der Revolver-Bank und ein etwas unterbelichteter Münchner von der „Schwanthaler Höh" an der Hochleistungs-Drehbank — er nannte sich deshalb stolz „Spitzendreher".

Der Kapitän drehte am Revoler Kugellagerfassungen aus einer Kupferlegierung. Das Problem dabei war, daß die Toleranz von einem Zehntelmillimeter nur schwer zu halten war, da das Metall beim Drehen heiß wurde und sich ausdehnte; erkaltet zeigte es zuweilen eine Meßdifferenz, die außerhalb der erlaubten Toleranz lag. Indessen: trotz dieser Schwierigkeit drehte unser Kapitän 1200 Fassungen pro Schicht, mit etwa 60 Stück Ausschuß. Und da diese Arbeit im Stückakkord abgerechnet wurde, ging der Kapitän Woche für Woche mit etwa dem doppelten Lohn nach Hause wie der „Spitzendreher".

Das wurmte diesen furchtbar, und er beschwerte sich bei Doleschi darüber, daß dieser „Angelernte" so viel Geld verdiente. Worauf der Meister ganz ruhig antwortete: „Schön, dann tauschen wir die Arbeitsplätze!" Damit nahm die Katastrophe ihren Lauf. Denn nicht nur, daß der „Spitzendreher" die Stückzahlen des Kapitäns nicht erreichte, er lieferte in zwei Tagen 400 Stück Ausschuß! Das war für den Betrieb peinlich, weil das Material bewirtschaftet war. Es mußten also einige Kilostangen von dieser Kupferlegierung nachgefordert werden — mit der Begründung, daß zuviel Ausschuß produziert worden sei.

Es entspricht meiner Erfahrung der letzten dreißig Jahre in der Industrie, daß alle produzierenden Betriebe von den „Doleschis" leben. Es gibt keine tüchtigeren Leute als die Meister! Sie stellen eine auf der Welt einmalige Mischung aus fachlichem Können und Menschenführung dar. Deshalb hielt auch Nixdorf den Facharbeiter, den Meister, unbeirrt für das Rückgrat unserer Gesellschaft und für den Garanten eines soliden technischen Fortschritts. „Wir Deutschen sind doch ein unglückliches Volk" sagte er einst in einem Interview. „Über die Jahrhunderte hinweg können wir eigentlich nur über eines stolz und glücklich sein — über den deutschen Facharbeiter und die Gesamtheit der deutschen Meister, die sich um die Lehrlinge und ihre Ausbildung gekümmert haben. Oder kennen Sie etwas Besseres?"

Halten wir fest: Die Meister erweisen tagtäglich ihre Überlegenheit wegen der *Kombination von fachlichem Können und angewandter Menschenkenntnis*. Da könnte sich mancher Akademiker, der in der Firmenhierarchie ein paar Etagen höher sitzt, eine Scheibe abschneiden . . .

Ich möchte nicht den Eindruck erwecken, daß vorwiegend Meister optimale Menschenführer wären. So gibt es zum Beispiel in den Reihen mittelständischer Unternehmer wahre Motivationskünstler. Wenn dem nicht so wäre, würde unsere mittelständische Industrie nicht so exorbitante Exporterfolge zuwegebringen. Ich möchte deshalb auch aus diesem Sektor noch ein Beispiel bringen:

Im Bayerischen Wald gibt es ein Sägewerk, dessen Inhaber sich gleich nach dem Kriege auf die Produktion von Paletten spezialisiert hat und heute zu den Marktführern gehört. Der (mittlerweile verstorbene) Seniorchef der Firma, ein Mann mit 6 Klassen Volksschule, führte den Betrieb in einer Mischung von patriarchalischen Grundsätzen und fortschrittlichen Arbeitsmethoden. So hatte er schon sehr früh in den Nachkriegsjahren den ganzen Betrieb „auf Computer umgestellt“: Alle Arbeiter in der Produktion, durch die Bank „Waldler“, bekamen die Arbeitsanweisungen in Form von Computerausdrucken. Andererseits führte der Senior eine Kladde, wo die täglichen Einnahmen und Ausgaben von ihm handschriftlich eingetragen wurden. Begründung: Wenn der Computer streikt, bin ich drei Tage ohne Zahlen und kann nicht entscheiden. Übrigens lag diese Kladde offen auf seinem Schreibtisch, auch über Nacht. „Bei mir kann jede Putzfrau wissen, was wir verdienen!“ war seine Erklärung.

Es gab im Betrieb zwei Prokuristen, die sich beide vom Sägebediener hochgearbeitet hatten: einer war für die Finanzen zuständig, der andere für die Produktion. Eines Tages wurde dem Seniorchef erzählt, daß der Finanzprokurist in Kürze Silberhochzeit hätte. Er ließ ihn kommen und sagte: „Schorsch, ich habe gehört, du hast bald Silberhochzeit?“ — „Stimmt, Chef.“ — „O. k. Fahr mit deiner Frau in die Stadt und kauf dir einen neuen Teppich fürs Wohnzimmer, egal was er kostet. Das ist mein Geschenk zur Silberhochzeit!“ Der Prokurist kaufte sich einen deutschen Wollteppich, der (im Jahre 1972) 800 Mark gekostet hat und brachte dem Senior die Rechnung.

Drei Monate später hatte der Produktions-Prokurist Silberhochzeit. Er kaufte sich einen Teppich für 1200 Mark und brachte dem Chef die Rechnung. Da dachte sich der Senior: die Rechnung geht über den Schreibtisch vom Schorsch, dem Finanz-Prokuristen. Also erfährt der, was der Teppich des Kollegen gekostet hat! Soll ich wegen 400 Mark eine Verstimmung zwischen meinen beiden wichtigsten Führungskräften aufkommen lassen? Und er ließ den Schorsch kommen und sagte zu ihm: „Der Xide hat sich einen Teppich um 1200 Mark gekauft. Da hast du einen Scheck über 400 Mark — ich will nicht, daß du dich benachteiligt fühlst!“

Ich hoffe, verehrte Leser, daß durch diese Beispiele klargeworden ist, was einen guten Menschenführer ausmacht . . . Jetzt ist noch eine letzte Frage zu beantworten: Woher nehmen solche Menschen, Meister wie Unternehmer, die seelische Größe zu einem derart humanen Verhalten? Sie haben ein *Wertsystem*, das ihrem gesamten Denken und Handeln zugrundeliegt. Oft wissen sie gar nicht, daß es so etwas wie ein „Wertsystem“ gibt . . . Aber sie haben im Elternhaus gelernt, daß man andere Menschen nicht belügt, betrügt oder ausbeutet. Und daß man sein Leben am besten nach der alten Regel einrichtet: „Was du nicht willst, das man dir tu, das füg auch keinem andern zu!“ Und an diese Regel halten sie sich! So einfach ist das . . .

Nunmehr wissen Sie alles, was zum erfolgreichen Managen auf der operativen oder mittleren Ebene notwendig ist. Wenn Sie die im Teil I angebotenen „Spielregeln“ wie ein Schwamm aufgesogen haben und sie, wenn auch teilweise, bereits umsetzen können, dann gratuliere ich Ihnen: Sie sind auf dem richtigen Wege! Wenn Sie diese „Spielregeln“ aber nicht akzeptieren und anwenden können — dann lassen Sie sich zum Beamten umschulen!
Es ist Ihnen sicher aufgefallen, daß ich die Sektoren IV und VIII in unserem Mandala nicht erwähnt habe. Natürlich habe ich das absichtlich getan. Denn erst, wenn Sie sich als erfolgreicher Manager etabliert haben, können Sie sich an das heiße Thema „Wandel im Management“ heranwagen. Denkanstöße dazu finden Sie auf den restlichen Seiten dieses Buches.

ZWISCHENSPIEL:

Ethik im Management?

Die Steinzeit-Moral (nach H. v. Ditfurth)

Der jüngst verstorbene Hoimar von Ditfurth hat in seinem letzten Buch „Innenansichten eines Artgenossen“ das Leben der Steinzeitmenschen skizziert und aus seinen Erkenntnissen einen *Moralkodex der Steinzeit* entwickelt, den ich wie folgt interpretiere:

1. Wichtigstes Merkmal: die Fremdenangst („Xenophobie“); das heißt, jeder auftauchende Fremde wird zunächst als „Feind“ eingestuft.
2. Bereitschaft zum intraspezifischen Totschlag. Das bedeutet: Schon seit Urzeiten hatten die Menschen keine Hemmungen, ihresgleichen zu töten.
3. Bedingungslose Unterordnung in der Gemeinschaft: sie gab dem einzelnen Schutz und ein „Zuhause“.
4. Wert und Lebensberechtigung der eigenen Gemeinschaft sind denen aller anderen Gemeinschaften überzuordnen.

Auch wenn sich einige Leser aus Unternehmerkreisen jetzt „auf den Schlips getreten fühlen“ behaupte ich, daß die Steinzeit-Moral (wie für den Staat) auch für das moderne Groß-Unternehmen immer noch gilt:

- Wert und Lebensberechtigung des eigenen Unternehmens sind dem aller übrigen gesellschaftlichen Vereinigungen übergeordnet.
- Basis jeglicher Mitarbeiter-Loyalität ist die bedingungslose Unterordnung unter das Firmenleitbild und die „Spielregeln“ des Unternehmens. Diese Art von Loyalität, das „Verkaufen seiner Seele an die Company“, ist auch die Voraussetzung für die Möglichkeit des Unternehmens, Druck gegen Institutionen oder die Öffentlichkeit auszuüben.
- Die Bereitschaft, andere auszutricksen, niederzukämpfen, ist dem modernen „Multi“ immanent.
- Die Fremdenangst vor „politisch Unzuverlässigen“, Ausländern und Werkspionen ist in Großunternehmen allgegenwärtig.

Nun gibt es Unternehmer und Geschäftsführer von Multis deutscher und amerikanischer Provenienz, die sich gerne „christlich“ gebärden und das Neue Testament so auslegen, wie ihnen das zupaß kommt. (Auch Franz Alt gehört dazu, mit seinem neuen Jesus-Buch). Rudolf Augstein hingegen hat in seinem Jesus-Buch festgestellt, die Verhaltensregel mit der „linken Backe“ läßt darauf schließen, daß Jesus am Gebaren unserer Unternehmer keinen Anstoß nehmen würde, wenn er heute wieder erschiene. Mit anderen Worten: *Auch in der Bibel findet „Ethik im Management“ nicht statt.*

Ich möchte deshalb meine (realitätskonformen) Gedanken, die Sie nicht akzeptieren müssen, wie folgt zusammenfassen:

- Der Mensch folgt in erster Linie dem Moralkodex der Steinzeit.
- Er ist im Sinne unseres Gesellschaftssystems außerordentlich effektiv „programmiert“ und ändert sein Verhalten in aller Regel nicht.
- Wenn ein Unternehmer (oder Top-Manager) jahrzehntelang nach dem Motto „Sei erfolgreich um jeden Preis!“ gewirkt hat, kann niemand erwarten oder gar verlangen, daß er sich plötzlich „ethisch“ gebärdet.
- In einer Zeit, da die deutsche Wirtschaft seit Jahren boomt und ein Ende dieser herrlichen Zeiten nicht abzusehen ist, müßten Unternehmer ja „echt bescheuert“ sein, wenn sie „ethische Experimente“ hinsichtlich des Führungsstiles machen würden: der Laden läuft doch — ob mit oder ohne Ethik!
- Jeder intelligente Mensch, der das Denken gelernt hat, macht sich seine Ethik selbst. So ein Mensch kann nur glauben, was er vorher verstandesmäßig akzeptiert hat.
- Welche Art von Ethik sich ein Mensch wählt oder ob er dabei mehr christlich, buddhistisch oder islamisch beeinflußt erscheint, ist seine ureigenste Entscheidung. Auch Unternehmer und Manager haben das Recht, sich für jeweils „ihre“ Ethik zu entscheiden, *da es eine „Geschäftsethik“ nicht gibt.*
- Wenn ein Unternehmer auf jegliche Ethik pfeift, sich dabei wohl fühlt und erfolgreich wirtschaftet, hat niemand das Recht, sich darüber zu mokieren. Er spielt, nach Thomas Szasz, sein „spielenswertes Spiel“.
- Wenn Unternehmer etwas *nicht* in ihrer Firmenphilosophie festschreiben, so sind dies ethische Postulate. Denn wenn das Profitstreben die „Prima causa“ allen unternehmerischen Handelns ist, wird die Ethik immer auf der Strecke bleiben.

Fazit: Ethik, so erstrebenswert sie sein mag, ist *kein Muß* in einem (kapitalistischen oder sozialistischen) Gesellschaftssystem. Und es besteht auch keine zwingende Notwendigkeit, ein funktionierendes Gesellschaftssystem moralisch zu bewerten.

Eigenschaften erfolgreicher Manager

Eine Binsenwahrheit besagt, daß eine Firma so gut ist wie ihr Management. Deshalb führte Vance Packard bereits 1966 in seinem Buch „Die Pyramidenkletterer" als Eigenschaften erfolgreicher Manager (sinngemäß) auf:

- Sie sind durchschnittlich intelligent.
- Sie haben ein zeitsparendes „Brotstudium" hinter sich gebracht, ohne in andere Disziplinen hineingehorcht zu haben, und sind am Ende des Studiums diplomierte Fachidioten mit einem unglaublich begrenzten geistigen Horizont.
- Sie beherzigen stets das „Karrieregesetz Nr. 1": sich anpassen! Nur nicht vorschnell eigene Ideen äußern oder Initiative entwickeln, die nicht abgesegnet ist! Und niemals Kritik am System üben!
- Sie sind, sobald sie „ihre Seele der Company verkauft" haben, absolut loyal. Ihr künftiges Verhalten ist vorhersehbar.
- Moralische Skrupel sind ihnen unbekannt.
- Sie lesen nie etwas jenseits ihres Aufgabengebietes und können pauschal als „ungebildet" bezeichnet werden. Vor allem hüten sie sich wegen ihrer konservativen Einstellung vor Büchern, die ihnen Denkanstöße „aufzwingen" könnten.
- Sie haben rhetorisches Talent und verstehen es, Enthusiasmus zu verbreiten und ihren Stab zu Höchstleistungen zu motivieren.
- Sie können sich selbst und ihre Arbeit organisieren.
- Sie stecken Kritik weg, ohne persönlich betroffen zu sein, und haben ein überdurchschnittliches Stehvermögen.
- Sie sind sich über den Preis für ihre Karriere im klaren und haben ihn akzeptiert: emotionale Verkümmerung mit allen Konsequenzen wie kaputte Ehe, gestörtes Verhältnis zu den Kindern, keine echten Freunde, streßbedingte, psychosomatische „Unpäßlichkeiten", die mit Alkohol und Drogen überspielt werden.

Ich habe bisher nur über amerikanische Manager berichtet. Allerdings bin ich der Ansicht, daß die von Packard aufgezählten Eigenschaften durch die Bank auch auf (erfolgreiche!) deutsche Manager zutreffen. Zwei der Packardschen Punkte würde ich allerdings nicht ohne weiteres auf deutsche Verhältnisse übertragen:

- Deutsche Manager haben, nach meiner Erfahrung, *kein* rhetorisches Talent; ihre stotternd vom Blatt abgelesenen „Reden" sind eine Zumutung. Sie sind auch nicht in der Lage, ihren Stab zu Höchstleistungen zu motovieren. *Das Motivieren ist der schwächste Punkt deutscher Führungskräfte überhaupt.*

- Es trifft meines Erachtens nicht zu, daß sich deutsche Manager über den Preis ihrer Karriere im klaren sind. Ganz im Gegenteil, dieser Tatbestand wird bei uns, unter Zuhilfenahme von Rationalisierungen, gekonnt *verdrängt.*

Hinzu kommt bei deutschen Managern diese furchtbare, historisch bedingte *Unterwürfigkeit* und *das Fehlen jeglicher Zivilcourage.*

Sollte der eine oder andere Leser der Meinung sein, es sei unfair, daß ich mich nur auf *einen* amerikanischen Autor berufe, so kann ich nur erwidern: Gemach, gemach — da sind noch etliche andere, die ihre Landsleute hart, aber zutreffend beurteilen, z. B. Peter F. Drucker und John Kenneth Galbraith. Letzterer schildert in seinem letzten Buch „Anatomie der Macht" beispielsweise einen Manager-Typ, der allen anderen Autoren bisher entgangen war. Galbraith beschreibt den *„synthetischen Manager".* Ursache dieses Phänomens ist, daß man den führenden Köpfen von Organisationen Persönlichkeitsmerkmale *zuschreibt,* die man je nach Art und Ausmaß der ausgeübten Macht für passend hält. Diese Schimäre wird dann mit Beharrlichkeit und professioneller Perfektion aufrechterhalten — ihr dient ein großer Teil des PR-Aufwandes. Minister, andere hohe Staatsbedienstete und die Vorstände von Konzernen sind Beispiele für weitgehend synthetisierte Persönlichkeiten. Das wird jeweils am Tage nach dem Ausscheiden aus der Funktion offenkundig: Wenn sich derartige Führungskräfte von der Organisation trennen, löst sich ihre synthetische Persönlichkeit auf und das dahinterstehende Individuum verschwindet in jener harmlosen Obskurität, die ihm von seiner eigenen Persönlichkeit her vorbestimmt war. Er wird, quasi über Nacht, zur Un-Person und bei einem Zusammentreffen auf der Straße nicht einmal mehr vom Pförtner des Verwaltungsgebäudes gegrüßt. Nur in der irgendwann fälligen Todesanzeige wird nochmals der Bedeutung des teueren Verblichenen für das Unternehmen Erwähnung getan . . .

Ich fasse zusammen: Alle bedeutenden Management-Autoren sind sich darin einig, daß es Ethik im Geschäftsleben nicht gibt — und daß sie auch nicht notwendig ist. Jedenfalls gilt dies, durch die Bank, für multinationale Unternehmen. Bei mittelständischen Betrieben oder kleinen „Gründerklitschen" ist zuweilen eine gewisse Menschlichkeit anzutreffen. Dies aber nur so lange, als die wirtschaftliche Lage ein gewisses Maß an Humanität zuläßt. Wenn ein Kleinbetrieb als Zulieferer von einem Multi abhängt und dieser die Abnehmer-Konditionen verschärft, ist es in der Regel aus mit der „christlichen" Nächstenliebe. Dann gilt wieder Bert Brechts klassische Formulierung: „Erst kommt das Fressen, dann kommt die Moral."

Die meisten Menschen „in diesem unserem Land" haben sich mit den Verhältnissen abgefunden, wie sie sind. Schließlich geht es ihnen nicht schlecht — warum sollte man da etwas ändern? Und trotzdem kommen immer mal wieder Ideen auf, die weltweit eine *generelle Änderung* unserer Lebensbedingungen fordern. Sie tun dies im Gewande politischer Parteien (die „Grünen“) oder „esoterischer“ Gesinnungsbrüderschaften („New Age“, „Light people“). Allerdings ist der Akzent verschoben worden: Man fordert jetzt nicht mehr moralisch fundierte Herrschaftsstrukturen, sondern solche, die die Würde des Menschen respektieren. In diesem Sinne fordert man auch, durch den Mund selbsternannter „Vor-Denker“, einen „Wandel im Management“. Das bedeutet für „Jungmanager“ wie Sie, verehrte Leser, daß Sie sich mit diesen „neuen“ Ideen einmal kritisch auseinandersetzen. Wer weiß — vielleicht schwenken Sie dann auch um und mausern sich vom „klassischen Manager“ zum „Industrie-Guru“, der bescheiden, aber dennoch einträglich von der Kollekte seiner Jünger lebt?

Ich habe schon wieder übertrieben und bitte dafür (in Demutshaltung) um Verzeihung . . . Wollen wir uns also jetzt im Teil II dieses Buches mit den Sektoren IV und VIII unseres Mandalas beschäftigen.

TEIL II:

Gedanken zum „Management im Wandel“

SEKTOR IV:

Ethik und Menschenwürde

1. Konfuzius ist der Größte

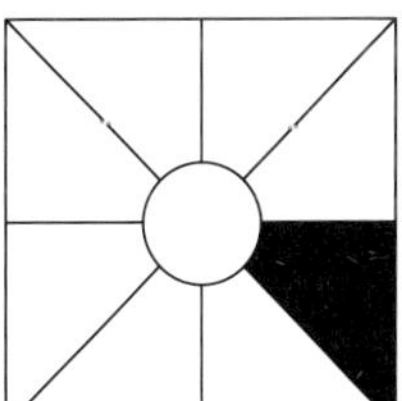

Wenn sich ein Mensch psychisch normal entwickelt, kann er drei Phasen durchwandern: Von der Dependenz über die Independenz zur Interdependenz. Das bedeutet: Als Säugling und Kleinkind ist er dependent = abhängig; von seinen Eltern, oder wer immer ihn großzieht. Wenn er erwachsen ist und das Haus verlassen kann, um sich alleine durchzubringen, ist er independent = unabhängig. Wenigstens glaubt er das; und gibt dann Sprüche von sich wie „Ich bin der Größte!“ Wenn er weiterreift — was nicht sein muß! — erkennt er irgendwann, daß er in Wirklichkeit „interdependent“ ist = *auf zwischenmenschliche Beziehungen angewiesen*! Niemand kann für sich allein leben. Wenn man einen Menschen einsperrt, in Isolierhaft ohne jede Beziehung zur Außenwelt, baut er nach einigen Jahren seine Persönlichkeitsstruktur ab. Entlassen, zeigt er kindliches Verhalten. Das bedeutet aber: *Jeder Mensch braucht zum Aufbau und zur Erhaltung seiner Persönlichkeitsstruktur die Hilfe anderer Menschen.* Allein, auf sich gestellt, ist er ein Nichts!

Die zweite „essentielle“, d. h. seinsbestimmende Größe im Leben des Menschen ist sein *Selbstwertgefühl.* Es ist die zentrale Instanz unseres Lebens und alles, was wir tun oder lassen, dreht sich zunächst um unser Selbstwertgefühl. Konfuzius, wohl jener Philosoph, der die größte Wirkung auf die Menschheit ausgeübt hat, brachte in seinem Denksystem die Faktoren „Interdependenz“ und „Selbstwertgefühl“ in genialer Art und Weise „unter einen Hut“. Und zwar, ohne einen „lieben Gott“ zu bemühen und ohne mit Hilfe von Schuldgefühlen auf ein jüngstes Gericht oder ewige Verdammnis hinzuweisen. Denn Konfuzius schuf ein philosophisches System, das *gelebt werden konnte*! Ein System übrigens, das auch wir „Kapitalistenknechte“ ohne besondere Schwierigkeiten in unsere Gesellschaftsform integrieren können. Also: worum geht es?

2. Die Ethik der Interdependenz

Es handelt sich um eine universelle Ethik, in der die gleichen Regeln und Forderungen des Verhaltens für jeden einzelnen Menschen gelten. Es gibt keine *soziale* Verantwortung (für Herrscher oder Unternehmer), die sich über das einzelne Gewissen hinwegsetzt, keine Kosten/Gewinn-Berechnung, keinen größeren oder höheren Maßstab als das Individuum und sein Verhalten. Mit einem Wort: *In der Lehre des Konfuzius sind die Regeln für alle gleich.*

So gibt es fünf grundlegende Beziehungen, der Interdependenz entsprechend, die für Konfuzius und seine Anhänger die Gesamtheit der Interaktionen in der bürgerlichen Gesellschaft erfassen:

- Herr—Diener (Vorgesetzter—Untergebener)
- Vater—Kind
- Mann—Frau
- ältester Bruder—Geschwister
- Freund—Freund.

Das richtige Verhalten betrifft das individuelle Verhalten, das wahrhaft der besonderen Beziehung gegenseitiger Abhängigkeit angemessen ist, *weil es den Nutzen für* **beide** *Seiten auf einen optimalen Stand bringt.* Jedes andere Verhalten ist unaufrichtig und daher falsch — unethisch. Es bewirkt Dissonanz statt Harmonie, Ausnutzung statt Nutzen, Manipulation statt Vertrauen.

Als Beispiel konfuzianischen Angehens der ethischen Probleme, die unter der Überschrift „Geschäftsmoral“ diskutiert werden, mag sexuelle Nötigung gelten. Für den Konfuzianer ist es unethisches Verhalten, weil es einer Beziehung Macht verleiht, die auf *Funktion* beruht. Somit wird sie zur Ausbeutung. *Daß dieses unaufrichtige, d. h. grob unmoralische Ver-*

halten von seiten des Vorgesetzten innerhalb eines Betriebes stattfindet, ist im Grunde nicht relevant. Die Beziehung Herr—Diener oder Vorgesetzter—Untergebener ist eine Beziehung zwischen Einzelpersonen.

Ein Blick auf die Ethik der Zwischenabhängigkeit löst sofort das Durcheinander, das die Diskussion der Geschäftsmoral verwirrt. Welchen Unterschied macht es aus, ob ein gewisser Akt oder ein gewisses Benehmen sich in einer Firma, einer nicht auf Erwerb gerichteten Organisation oder außerhalb irgendeiner Organisation abspielt? Die Antwort ist klar: *überhaupt keinen.* Andererseits betrachtet die Ethik der Interdependenz *die Einführung von Macht in menschliche Beziehungen als illegitim und unethisch.* Sie behauptet, daß Zwischenabhängigkeit *Gleichheit der Verpflichtungen* verlangt. Kinder schulden ihren Eltern Gehorsam und Achtung, Eltern ihrerseits schulden ihren Kindern Liebe, Unterhalt und (jawohl!) Achtung. (Nachzulesen bei Alice Miller!) Und genauso, wie ein Unternehmer von seinen Mitarbeitern Loyalität fordert, schuldet er ihnen andererseits Achtung, d. h. Nichtverletzung ihres Selbstwertgefühles. Im Klartext: *In der Ethik der Zwischenabhängigkeit gibt es nur Verpflichtungen, und alle Verpflichtungen sind gegenseitig.* Harmonie und Vertrauen, das heißt Zwischenabhängigkeit, fordern, daß *jede* Seite dazu verpflichtet ist, der anderen Seite zu beschaffen, was sie braucht, um ihre Ziele und ihre Selbsterfüllung zu erreichen. Aber in der heutigen amerikanischen und europäischen Diskussion über Geschäftsmoral bedeutet Ethik, daß *eine* Seite *Verpflichtungen* und die andere *Rechte*, wenn nicht sogar berechtigte Ansprüche hat. *Das ist mit der Ethik der Zwischenabhängigkeit nicht vereinbar und hat in der Tat mit Ethik überhaupt nichts zu tun.* Das ist die Politik der Macht und in Wahrheit eine Politik der Ausbeutung und Unterdrückung.

Eine Gesellschaft der Organisationen ist eine Gesellschaft der Zwischenabhängigkeiten. Die besondere, von Konfuzius als universell und grundlegend geforderte Beziehung mag der modernen Gesellschaft und den sittlichen Problemen innerhalb der modernen Organisation und ihren Klienten, Kunden und Wählern nicht entsprechen oder auch nur angemessen sein. *Aber die fundamentalen Konzepte sind es sicherlich.* Wenn es jemals eine lebensfähige Organisationsmoral geben sollte, so muß sie fast mit Sicherheit die Hauptkonzepte übernehmen, die der konfuzianischen Ethik bis heute Bestand und Wirksamkeit verliehen haben:

- klare Definition der grundlegenden Beziehungen;
- universelle und generelle Regeln des Verhaltens, das heißt Regeln, die für *jede* Person oder Organisation entsprechend ihrem Statut, ihrer Funktion und ihren Beziehungen, bindend sind;
- Einstellung auf das richtige Verhalten statt auf das Vermeiden von Vergehen;

- eine Organisationsmoral, die es verdient, ernsthaft als Moral angesehen zu werden; sie wird rechtes Verhalten als das Verhalten zu definieren haben, das den Nutzen beider Parteien auf den höchstmöglichen Stand bringt und somit die Beziehung harmonisch, konstruktiv und gegenseitig vorteilhaft macht.

Aber eine Gesellschaft der Organisationen ist auch eine Gesellschaft, in der sehr viele Menschen *an sich unwichtig*, jedoch höchst augenfällig und von Bedeutung als Opinionleader sind (Galbraiths „synthetische Manager“). Daher handelt es sich um eine Gesellschaft, welche die Ethik der Klugheit und Selbstentfaltung betonen muß. *Sie muß von ihren Managern, Geschäftsführern und Fachleuten erwarten, daß sie von sich verlangen, Verhalten zu scheuen, das sie bei anderen nicht achten würden; und statt dessen ein Verhalten zu üben, das der Art von Mensch entspricht, den sie am Morgen im Spiegel sehen möchten.*

SEKTOR VIII:

Management im Wandel

1. Abschied von einer Illusion

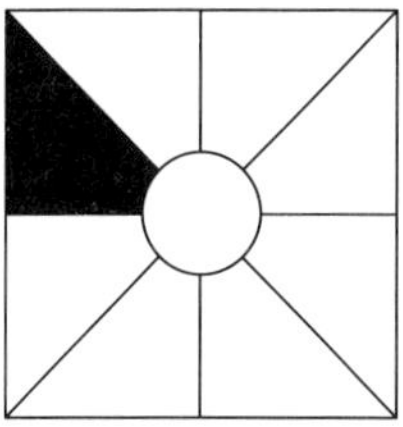

Der vielberedete „Wandel im Management“ ist ohne Zweifel notwendig; aber er wird vermutlich von einer ganz anderen Seite her angegangen werden müssen, als dies bisher versucht wurde. Denn die dazu veröffentlichten Ideen sind wieder einmal nichts anderes als linear fortgeschriebene Gedankengänge „bewährter“ Modelle. Letztlich münden sie alle in die Aufforderung an die Unternehmer, den künftigen Führungsstil mit etwas Ethik anzureichern. Daraus kann natürlich nichts werden. Warum nicht? Es sei nochmals wiederholt:

- Weil die Menschen egoistisch und träge sind und von einer einmal praktizierten Verhaltensweise ohne zwingenden Grund nicht abgehen; von dieser menschlichen Grundeinstellung machen Unternehmer keine Ausnahme.
- Weil in den Sektoren „Politik“ und „Wirtschaft“, wo es um Macht und Profit geht, Ethik überhaupt keine Rolle spielt.
- Weil die augenblickliche Situation (in Deutschland) politisch wie wirtschaftlich so optimal ist, daß für die in der Mehrzahl konservativen Unternehmer kein Grund besteht, an ihren Führungskonzeptionen etwas zu ändern.

Konsequenz: Was ich bereits über den Entscheidungsprozeß ganz allgemein gesagt habe, trifft auch hier zu: Wenn das zugrundeliegende Problem falsch analyisiert worden ist, kann die Entscheidung nur falsch sein. *Da der „Mangel an Ethik“ gar nicht das Problem ist*, können alle Bestrebungen in Richtung „ethisches Management“ nur zum Scheitern verurteilt sein.

Hinzu kommt, daß bei der (rein akademischen) Behandlung dieses Problems von einer falschen Voraussetzung ausgegangen wird. Nämlich von der angeblichen Erwartung der Mitarbeiter, durch die Arbeit persönlich wachsen zu können. „Selbstverwirklichung durch die Arbeit“ — ein wundervoller Werbeslogan ohne realen Hintergrund!
Wie bereits im Sektor III erwähnt, besteht die Menschheit in den „westlich zivilisierten Ländern“ zu etwa 70 Prozent aus „Autoritätsverliebten“.

(Nachzulesen bei Theodor Adorno: „Studien zum autoritären Charakter".) Sie brauchen einen Führer, der die Entscheidungen fällt und die Verantwortung dafür übernimmt. Im übrigen gehen die meisten Menschen dem Denken aus dem Wege, als ob es weh täte, und wollen angeschafft bekommen, was sie tun sollen.

Wer bei dieser Darstellung aufbegehrt beweist nur, daß er nicht darüber informiert ist, was sich (in der „westlichen" Welt) abspielt. Beispielsweise, daß das Bildungssystem in den USA und in Deutschland immer miserabler wird. Daß in der ehemaligen Bundesrepublik 30 Prozent der Erwachsenen nicht mehr in der Lage sind, einen längeren deutschen Satz zu verstehen, worüber es, auf Antrag der Grünen, eine Debatte im Bundestag gegeben hat. Ergebnis der Debatte: Man wolle sich von Regierungsseite aus dafür einsetzen, daß von den Volkshochschulen künftig zusätzliche Veranstaltungen in „Deutscher Sprache" angeboten werden! Wer im übrigen den Stil der BILD-Zeitung analysiert und beobachtet, wie das Niveau unserer Unterhaltungssendungen im Fernsehen von Jahr zu Jahr sinkt, daß die Kandidaten bei Quiz-Sendungen so unwissend sind, daß man nur fassungslos den Kopf schütteln kann und wenn man in der Industrie feststellt, daß der Nachwuchs an Azubis von der menschlichen und wissensmäßigen Qualifikation her jedes Jahr absinkt — wer möchte da noch im Ernst behaupten, die Arbeitnehmer hätten den Ehrgeiz, durch die Arbeit persönlich zu wachsen?

Im übrigen kommen die „Akademiker" bei kritischer Betrachtung nicht besser weg. Wir züchten seit der mißglückten 68er-Revolte auf unseren Hochschulen ein überangepaßtes akademisches Proletariat, das (mit Bafög-Unterstützung) ein „Brotstudium" absolviert hat, in der einzigen Hoffnung, dadurch bessere Chancen in der Wirtschaft zu haben. Daß ein großer Prozentsatz dieser „Gebildeten" dann als Taxifahrer oder Kellner endet, wird in unseren Massenmedien nicht erwähnt. Und wer unterkommt, entwickelt sich zum Fachidioten, der von immer weniger immer mehr weiß. Wenn er ein Vierteljahrhundert bei einem „Multi" abgesessen hat, wird ihm anläßlich der Jubiläumsfeier in einer „Laudatio" erstmalig bescheinigt, daß er ein tüchtiger und für das Unternehmen wertvoller Mensch sei. So endet ein „selbstverwirklichtes Leben" . . .

Fazit: Wer in unserer Industriegesellschaft lebt, kümmert sich zunächst um irgendeine Art von „qualifiziertem" Ausbildungsabschluß. Dann sucht er sich einen „Job mit Aufstiegsmöglichkeiten", heiratet, baut ein „Häusle" und steht „plötzlich" vor der Rente. Das wird ihm erst klar, wenn die Kinder aus dem Hause sind und ihm der dritte Hund weggestorben ist. Und kurz vor dem Tode erkennt er — möglicherweise! —, daß er ein ungelebtes Leben hinter sich hat. Doch diese Einsicht kommt immer zu spät . . .

Es ist also an der Zeit, daß wir die Illusion von den vielen Menschen, die sich (mit Hilfe der Arbeit) „zu etwas Höherem transformieren“ wollen, durch kritisches Denken eliminieren!

2. Das holistische Weltbild

Zu den tiefen Denkern unserer Zeit, deren Bücher in jeder Buchhandlung wohlfeil zu erwerben sind, gehört der Amerikaner Dr. Ken Dychtwald (Berkeley). Er ist Psychologe und Forscher im Bereich der menschlichen Entwicklung. In jüngster Zeit hat er sich u. a. mit der Theorie des Holons beschäftigt und Überlegungen darüber angestellt, wie sich diese Theorie auf diverse Gebiete des Lebens übertragen ließe. Hier folgen vier, von mir subjektiv ausgewählte, Thesen Dychtwalds:

- Ein „Holon“ (= „Hologramm“) ist ein für sich bestehendes System, mit vollständiger Information über sich selbst. Die Größe oder Funktion einer Einheit spielt für das Bestehen des Holons keine Rolle.
- Jede Ganzheit (Holon) ist Teil eines größeren Ganzen, eines umfassenderen Systems.
- Jede kleinere Ganzheit enthält das Wissen um die größere Ganzheit, von dem sie ein Teil ist. *Die kleinere Ganzheit ist deshalb mit allen Aspekten des „Inhaupthologramms“ versehen.*
- Im Zusammenhang zwischen Ganzheiten verschiedener Stufen ist die Zeit kein linearer, kontinuierlich ablaufender Prozeß, sondern eine *Gleichzeitigkeit* von „jetzt, früher, später“.

Die Anwendung der Dychtwald-Thesen hat Rudolf Mann in seinem Buch „Das ganzheitliche Unternehmen“ vorbildlich herausgearbeitet. Das führt (im Rahmen unserer Thematik) nach R. Mann zu folgenden Schlüssen, die ich frei paraphrasiere:

- Es gibt verschiedene Stufen von Ganzheiten. Eine Ganzheit kann ein Teil einer früheren Ganzheit sein und gleichzeitig Teile kleinerer Ganzheiten enthalten. So ist zum Beispiel der Mensch als Mitarbeiter eine Ganzheit, die sich in der Ganzheit Unternehmen wiederfindet, das wiederum Teil der Ganzheit des nationalen Wirtschaftssystems ist. *Es ist wichtig zu wissen, daß jede Ganzheit alle für ihr eigenes System notwendigen Informationen beinhaltet.*
- Der Mensch im Berufsleben ist *gleichzeitig* Ganzheit für sich, übergeordnete Ganzheit für seine Organe und Zellen und Teil der Ganzheit Unternehmen. Er ist damit Teil des größeren Systems und nicht nur Gestalter, sondern gleichzeitig Gestalteter. *Die Unterscheidung zwischen Führer und Geführten hebt sich durch einen Prozeß der „Co-*

Education" auf, indem beide Seiten die Einwirkung des anderen benötigen. Der Vorgesetzte hilft seinem Mitarbeiter und dieser seinem Vorgesetzten. (Von irgendwo hört man Konfuzius flüstern!)

- Der Mensch im Unternehmen hat das Wissen um das Unternehmen als Ganzes; er interessiert sich also für das Geschick und die Entwicklung des Unternehmens, in dem er arbeitet. *Daher kann er nicht zufrieden sein, wenn er nur diejenigen Informationen erhält, die für seine Tätigkeit erforderlich sind:* Er ist bemüht, das Gefüge und die Sinnhaftigkeit des Ganzen zu begreifen.
- Jeder Mensch ist eine Ganzheit. Jedes Unternehmen ist eine Ganzheit. Unser Wirtschafts- und Gesellschaftssystem ist ebenfalls eine Ganzheit — sowohl national als auch global. *Ganzheiten sind u. a. dadurch gekennzeichnet, daß sie uns als holographische Bilder erscheinen, in denen jeder Teil das Bild des Ganzen in sich trägt.* So gesehen ist jeder Mitarbeiter im Unternehmen das Abbild des Unternehmens als Ganzheit, ist jedes Unternehmen das Abbild des Gesellschaftssystems, in dem es wirkt. *Wenn wir mit Menschen im Unternehmen schlecht umgehen, leidet gleichzeitig die Ganzheit des Unternehmens.* Wenn ein Gesellschaftssystem mit den Unternehmen schlecht umgeht, erkrankt das Gesellschaftssystem. Wenn der Mitarbeiter negative Energien im Unternehmen verströmt, erleidet es Verluste; wenn ein Unternehmen seine Umwelt nicht liebt, wird diese krank. *Wir leben nicht auf einer Insel, sondern in einem vernetzten System.*

So weit die von mir paraphrasierten Gedanken Rudolf Manns. Was indessen aus diesen Folgerungen an verschiedenen Stellen klar herauszuhören ist, ist die Philosophie des Konfuzius. Ein Beweis dafür, daß die Ideen dieses Weisen lebendig sind und wirken!

Nun gibt es, Gott sei Dank!, immer wieder Unternehmensführer, die versuchen, die Situation von Grund auf zu ändern. Ein derartiger Versuch wird von Karl H. Rüssmann im „manager magazin 11/1990" unter dem Titel „Revolution von oben" beschrieben. Es folgen einige der wichtigsten Ideen und Fakten aus diesem Artikel (von mir subjektiv ausgewählt).

3. Die Revolution von oben: Beispiel „BP"

Wie befreit sich ein Unternehmensgigant von den Fesseln bürokratischer Verkrustung und langer Entscheidungswege? *Indem er seine Firmenkultur umkrempelt.* So probiert es jedenfalls der britische Ölkonzern BP, Nummer drei hinter Shell und Exxon. Aus dem Ansatz können auch deutsche Unternehmen lernen.

Wichtigste Voraussetzung für jeden Führungserfolg ist, wie uns beispielsweise auch Lee Iacocca demonstriert hat, *das Vorhandensein einer „Vision"*. Robert Horton, seit März 1990 neuer Konzernchef, hat seine Vision den 120 000 Mitarbeitern in einem persönlichen Schreiben mitgeteilt: „BP wird in den 90er Jahren und darüber hinaus die erfolgreichste Ölgesellschaft der Welt sein."
Zu den Kernzielen des „Projektes 90", wie Horton sein Vorhaben nennt, gehören unter anderem:

- Durch ersatzlose Streichung zahlloser Komitees, die bisher zwischen Zentrale und Geschäftsbereichen eingeschaltet waren, soll der Entscheidungsprozeß drastisch beschleunigt werden.
- Manager aller Ebenen erhalten mehr Entscheidungsbefugnisse und viele einen größeren finanziellen Dispositionsrahmen, können sich aber auch nicht mehr hinter anonymen Kollektivbeschlüssen von Gremien verstecken.
- Die durch Personalabbau schlanker gemachte Konzernzentrale in London soll die künftige Firmenkultur beispielhaft vorleben. Seit April sind die bislang streng hierarchisch aufgebauten Verwaltungs- und Stabsbereiche in verkleinerte und nur locker verbundene Teams umgebildet worden, die in drei Gruppen dem Chairman, seinem Stellvertreter sowie den übrigen vier Managing Directors zuarbeiten.
- Nach dem Wegfall vieler bisher durch formale Prozeduren gesicherter Informationskanäle soll **„networking"** künftig den Arbeitsstil und die Kommunikationskultur prägen. *Networking, ein Kernbegriff von Projekt 1990, bedeutet bei der BP, daß jedermann im Unternehmen quer durch die Hierarchie mit allen Personen, die für seine Arbeit wichtig sind, in direkten Kontakt treten kann* — auch ohne daß ein festes, abteilungsübergreifendes Projekt vorliegt und ohne Rückversicherung beim Chef.

Ich hebe hervor, was mir an diesem Artikel die wichtigste Information zu sein scheint. *Wie in einem Hologramm, wo jedes kleinste Einzelteilchen* **alle** *Informationen dieser Ganzheit enthält, kann man beim „networking" als Mitarbeiter diesen idealen Informationszustand selbst herstellen!* **Das ist der wesentlichste Gesichtspunkt an der gesamten Neuorganisation!**

Nun sind Engländer keine Spinner. Und sie sind sich bei der BP offensichtlich darüber klar, was dem ganzen Haufen, der Geschäftsleitung *und* den Mitarbeitern, da bevorsteht. So äußerte sich der stellvertretende Chairman von BP, David Simon, über die Realisierungschancen des Projekts 1990 wie folgt: „Wenn man daran geht, eine Unternehmenskultur und die Verhaltensstile zu ändern, sollte man keinen schnellen Wandel erwarten. Das ist eine Sache von fünf bis zehn Jahren. Wie bei allen großen Projekten ist es aber wichtig, einen aufrüttelnden, ja schockierenden Start zu wählen. Sonst merken die Leute gar nicht, daß etwas Neues geschieht. Und das haben wir mit Projekt 1990 jetzt getan."

Auch der Autor des Artikels im „manager magazin", K. H. Rüssmann, sicherlich kein heuriger Hase als Wirtschaftsjournalist, hat so seine Zweifel über das Gelingen des Projekts 1990. So beschließt er denn seinen Bericht mit den Worten: „Aber wird sich der Ölriese tatsächlich ändern? Wait and see, ob der im Vergleich zu vielen deutschen Firmenreformen große Elan an der BP-Spitze vorhält, ob der angestrebte Wandel von den Chefs wirklich vorgelebt wird. Es wäre ein seltenes Exempel."

4. Illusionen sterben nicht

Eine Illusion ist, laut Wahrigs „Deutsches Wörterbuch", eine idealisierte, falsche Vorstellung von der Wirklichkeit. Illusionäre findet man (seit jeher) gehäuft unter amerikanischen Autoren, die ihre Leser mit konstanter Beharrlichkeit auffordern, doch nicht „schwarz zu sehen". Und sie malen gerne Verhältnisse an die Wand, die nun mal, nach Bert Brecht, „nicht so sind" — wie sie eigentlich sein sollten . . . Zu diesen Autoren gehören auch John Horman/Willis Harman mit ihrem außerordentlich anregenden Buch „Future Work". Zum Stichpunkt „Management im Wandel" machen sie eine Reihe von Vorschlägen, wie die von ihnen geforderte „Unternehmenstransformation" über die Bühne gehen sollte. Ich bringe hier einige Statements (aus „Future Work"), teilweise von mir verkürzt, aber in ihrer Grundaussage nicht modifiziert:

- Man muß den Beschäftigten die Kontrolle über ihr Leben geben.
- Wir stellen Erwachsene ein — und dann behandeln wir sie auch wie Erwachsene.
- Partizipation gibt den Menschen Kontrolle über ihre Arbeit, Gewinnbeteiligung gibt ihnen einen Grund, es besser zu machen, Information sagt ihnen, was geht und was nicht geht.
- Unternehmenstransformation bedeutet die Umwandlung des hierarchischen in einen humanitären Führungsstil. Oder, anders gesagt: die Unternehmen müssen revitalisiert werden.
- Eine Unternehmenstransformation ist ein Prozeß, in dem ein Unternehmen untersucht, was es war, was es ist, was es sein will und wie die notwendigen Veränderungen zu vollziehen sind. Dieser Prozeß muß das ganze Unternehmen erfassen — kleine Häppchen bringen nichts!
- Unternehmenstransformation ist eine grundsätzliche Veränderung, die neue Wege der Wahrnehmung, des Denkens und des Verhaltens von allen Mitgliedern des Unternehmens verlangt.

- Wodurch zeichnet sich der Wandel aus?
  * Unternehmen in der Umgestaltung wertschätzen ihre Mitarbeiter und geben ihnen die Möglichkeit, persönlich zu wachsen.
  * Die Arbeit muß sinnvoll sein.
  * Die Unternehmen verstehen sich als Prozeß, den alle Beschäftigten gestalten.
  * Es gibt faire und demokratische Beteiligungsmodelle.
  * Derartige Unternehmen erbringen Spitzenleistungen: sie sind meistens die Besten in ihrer Branche.
- Eine wesentliche Voraussetzung für die erfolgreiche Transformation ist eine neue Art von Führung: *Führung durch Sinngebung und Wertschätzung der Mitarbeiter.* Erst Menschlichkeit und Sinn lassen Mitarbeiter zu einer Unternehmensgemeinschft zusammenwachsen, die sich schöpferisch und kraftvoll den neuen Herausforderungen stellt.
- Die konventionelle Definition von „Management" ist „Arbeit durch Leute verrichten zu lassen". Diese Definition ist veraltet. Echtes Management bedeutet, „Leute durch Arbeit zu entwickeln". Dieser Satz stammt von Agha Nasan Abedi, dem Gründer und Präsidenten der pakistanischen „Bank of Credit and Commerce International (BCCI)", die in 70 Ländern mit 11 000 Beschäftigten erfolgreich tätig ist.
- Für Agha Nasan Abedi sind moralische materiellen Zielen übergeordnet. Persönliches Wachstum seiner Mitabeiter hat für ihn höchste Priorität. Indem er ihnen hilft, immer wieder ihre Begrenzungen zu überschreiten, können sie ihr Potential entfalten und sich dem permanenten Fluß der Veränderungen ihres Umfeldes öffnen. Mit der Selbstentfaltung seiner Mitarbeiter soll sein Unternehmen zu einer geistigen Einheit zusammenwachsen, die getragen wird von der Vision, ihren Beitrag zur Evolution der Gesellschaft zu leisten.
- Andererseits stellt Marsha Sinetar fest (schreiben die Autoren Hormann und Harman), daß sich das Bedürfnis nach persönlichem Wachstum bei vielen Menschen in den letzten beiden Jahrzehnten gesteigert hat. Ein selbstverwirklichter Mensch ist für sie kreativ, unabhängig und selbstgenügsam. Er hat sich emotional von konventionellen Einflüssen befreit. Er ist auf dem Weg, seine innere Wahrheit zu leben und in der Arbeit Sinn und Identität zu finden. Sie glaubt, daß diese Art „persönlicher Reise" ein unschätzbarer Beitrag für zukünftige Unternehmen sein wird.

Schließlich fügen die beiden Autoren diesem Geschwätz über den selbstverwirklichten Mitarbeiter ihre eigene Konklusion an:

Das ist genau das Gegenteil von dem, wie Menschen bisher im Arbeitsprozeß gesehen wurden. Sie mußten sich dem System anpassen und reibungslos funktionieren. *Künftig werden sich die Unternehmen den Menschen anpassen müssen.* Denn die Beschäftigten wollen immer weniger funktionieren, sie wollen durch ihre Arbeit ihr Potential entfalten.

Dieser intellektuelle Schwachsinn erinnert mich an die Zeit vor zehn Jahren, als Marilyn Ferguson *„New Age“* erfunden hatte. Der Schlüsselbegriff der New Age-Bewegung heißt „Transformation“. Transformation bedeutet „Wandlung“. Wer also sollte sich wandeln? Zunächst einmal die einzelnen und dann, mit Hilfe der „gewandelten“ einzelnen, die Gesellschaft insgesamt. Folgerichtig wollten die Anhänger der New Age-Bewegung

- primär als Menschen leben und nicht als sich selbst entfremdete Produzenten oder als manipulierte Konsumenten;
- einen Beruf ausüben, der ihnen Spaß macht und es ihnen ermöglicht, den Ablauf der Arbeit weitgehend selbst zu bestimmen;
- sie haben im übrigen erkannt, daß es keinen Sinn hat, ständig nach mehr Status, Macht und Geld zu jagen;
- sind der Meinung, daß es außer dem Beruf noch andere Lebensbereiche gibt, die genauso wichtig sind, beispielsweise die Beschäftigung mit der Kunst;
- streben eine Umverteilung der Macht auf friedlichem Wege an;
- sind willens, sich gegen die alten gesellschaftlichen Postulate zu „verschwören“ und gegen sie zu leben.

Es soll hier nicht gerechtet werden, welchen moralischen oder gesellschaftlichen Wert die New Age-Ideen haben. Ich möchte hier nur feststellen, daß diese „sanfte Verschwörung“ im Sande verlaufen ist. Und daß zum Beispiel jüngere Arbeitnehmer, auch Manager, von diesem ganzen Rummel nichts wissen. Warum?

Frau Ferguson, eine glücklose Prophetin, ist einem Denkfehler zum Opfer gefallen. Weil ihr Buch so einen enormen Anfangserfolg hatte, glaubte sie, es würde weltweit gelesen. Das stimmt schon, aber von wem? Von jenem Klüngel sogenannter Intellektueller, die alles lesen, was in Richtung „Esoterik“ und verwandter Gebiete neu auf den Markt kommt; und die es unter sich auch ausgiebig bequatscht haben. *Aber geändert hat sich deshalb am vielgeschmähten „System“ nichts.* Die herbeigesehnte „Transformation der Gesellschaft“ fand, im Sinne des Wortes, „mangels Masse“ nicht statt!

Nun gibt es ja überall selbsternannte Vor-Denker, die so eine neue Idee gierig aufnehmen und publizieren. In der Bundesrepublik übernahm diese Rolle Herr Gert Gerken, der in seinem Worpsweder Trend-Radar über etwa zwei Jahre berichtete, wieviele der ihm bekannten Manager schon im Sinne von New Age agierten. Davon konnte keine Rede sein, wie heute allen Interessierten klar ist. Zur Zeit wirbt Gerken für eine neue „Zeitgeist-Richtung“: für das „Light People“. Na ja — vergessen wir es!

5. Zurück auf die Erde, bitteschön!

Wir leben in einer Zeit des Umbruchs, die durch zwei Gegebenheiten definiert ist: Leistungsdruck und Hektik. Diesem doppelten Druck ist der Mensch unserer Tage nicht mehr gewachsen. Deshalb nimmt die Zahl der Neurotiker Jahr für Jahr zu, von den Selbstmördern und Drogentoten ganz zu schweigen ... Will man hier Abhilfe schaffen, so muß man zunächst die Ursachen dieser unerfreulichen Situation bloßlegen:

- Die meisten Menschen haben das Denken nicht gelernt, weil sie zu ihrem Gehirn keine Gebrauchsanweisung mitgeliefert bekommen haben. Im übrigen sind sie entsetzlich ungebildet und nicht in der Lage, ihre Situation zu analysieren.
- Die meisten Menschen werden durch die Massenmedien, einschließlich Werbung und PR, manipuliert: sie leben nicht, sondern werden gelebt.
- „Alle Welt“ richtet sich danach, was „man“ tut. Und was tut man? Man produziert und konsumiert.
- Da die meisten Menschen durch Werbung und Umwelt verführt werden, mehr zu kaufen, als sie sich eigentlich leisten können, sind sie überschuldet. Wie das Statistische Bundesamt jüngst ermittelte, ist jeder Bürger der ehemaligen Bundesrepublik mit durchschnittlich DM 30 000 in der Kreide — Kosten für Auto und Hausbau nicht eingeschlossen!
- Weil die Bundesbürger unter dem Zwang stehen, ihre Schulden (und die Zinsen!) abzuzahlen, brauchen sie einen (möglichst sicheren) Arbeitsplatz.
- Die unterschwellige Angst, diesen Arbeitsplatz zu verlieren, macht sie zu überangepaßten Mitarbeitern, die im Betrieb „keine Lippe riskieren“. Man möchte ja nicht „in einem schiefen Licht“ erscheinen und dann möglicherweise irgendwann „wegrationalisiert“ werden.
- Wer sich über Jahre in einer derartigen Streß-Situation befindet, hat keinen Nerv für „Selbstverwirklichung“ und ähnliche Schlagworte, unter denen er sich sowieso nichts vorstellen kann.
- Diese Situation ist nicht nur für „gewöhnliche Arbeitnehmer“ typisch. Sie trifft genauso auf das Mittelmanagement zu. Denn die dort tätigen Akademiker aller Proveniencen

* haben einen höheren Lebensstandard als „die da unten“, der auch mehr kostet;
* haben in der Regel ein Haus, für das sie sich auf Jahrzehnte verschuldet haben;
* haben 1—2 Kinder, die einmal studieren sollen und eine Menge Geld kosten;
* haben meistens Ausgaben, die durch Statusgründe bedingt sind, wie etwa Mitgliedschaft in teueren Clubs und Urlaubsfahrten in exotische Regionen.

- *Resümee:* Die Führungskräfte des Mittelmanagements, vom Gruppen- bis zum Hauptabteilungsleiter, haben alle das gleiche Leitmotiv: Stellung halten, sich langsam hochdienen, um das Einkommen zu steigern und — nicht unangenehm auffallen! Das bedeutet aber in der Praxis: für neue Ideen, wie etwa den „Wandel im Management“, reicht das Interesse höchstens für ein 5-Minuten-Geplauder am Kaffeeautomaten! Über so „hochgestochene“ Themen redet man nicht mal auf der Kegelbahn! Denn da gibt es viel wichtigere Dinge: Wer rückt auf den Platz von Dr. Karsch nach? Wovon der „kleine“ Konstrukteur Richartz seinen neuen 3er-BMW bezahlt? Und ob es wohl stimmt, daß der Controller Buschinger, dieses „stille Wasser“, etwas mit der Chefsekretärin hat?

Dies, verehrte Leser und Leserinnen, sind die „Themen, die die Welt bewegen!“ Aber doch nicht der „Wandel im Management“!

Schlußwort

Verehrte Leser und Leserinnen: Sie haben nunmehr diesen bescheidenen „Schnellkurs" durchgearbeitet. Ich hoffe, daß schon bei dieser ersten Lesung vieles in Ihrem Gehirn hängengeblieben ist; und zwar als Folge etlicher Aha-Erlebnisse! Da der Text sehr konzentriert und komplex aufgebaut ist, werden Sie mit Sicherheit auch bei den nächsten Durchgängen Neues entdecken: viele Dinge, die einem zunächst als selbstverständlich erscheinen, sind es in Wirklichkeit nicht.

Ich erzähle gerne „Geschichten, die das Leben schrieb". So will ich auch dieses Buch mit einer derartigen Geschichte beschließen: In den 50er Jahren hatte ich einmal eine Diskussion mit dem damaligen Generalbevollmächtigten und späteren Chef des Hauses Siemens, Herrn Dr. Gert Tacke. Anlaß war seine Bemerkung auf einer Betriebsversammlung, zur Zeit würde die „Dezentralisierung" im Hause eingeführt, um dem einzelnen Mitarbeiter einen größeren Entscheidungsspielraum einzuräumen. Als ich in der Diskussion anmerkte, es sei mein Eindruck, daß jeder neue Fall als Anlaß diene, durch einen „Ukas" festzulegen, wie so ein Fall beim Wiederauftauchen behandelt werden müsse und damit die Handlungsfreiheit der einzelnen erneut eingeschränkt würde, antwortete Dr. Tacke nach kurzem Nachdenken: „In der deutschen Armee lernen die Offiziere von Anfang an das Gehorchen und ein ganz bestimmtes Verhalten in verschiedenen Situationen. Da ist also wenig Freiraum für eigene Initiativen. Trotzdem hat die deutsche Armee immer hervorragende Feldmarschälle hervorgebracht!"

Ich habe diese Lehre begriffen. In einem Großunternehmen gilt, genau wie in einer Armee, das absolute Gehorsamsprinzip. Jeder Manager hat einen exakt definierten Entscheidungsspielraum — aber auch nicht ein Jota mehr! Wenn in der alten Wehrmacht (zu Friedenszeiten) ein naseweiser Fähnrich einen Vorschlag machte, dessen Ausführung in die Kompetenz seines direkten Vorgesetzten fiel, so bekam er prompt zu hören: „Überlassen Sie das Denken den Pferden — die haben größere Köpfe!"

Genau dieses Verhalten hat als Vorschlag in meinem „Schnellkurs" bisher noch gefehlt. Ich bin jetzt in der Lage, Ihnen ein paar gezielte „letzte Vorschläge" machen zu können. Also, wenn Sie sich als „Pyramidenkletterer" auf den Weg zum Gipfel machen, dann beherzigen Sie bitte folgende Ratschläge:

- Wollen Sie versuchen, bis zum Gipfel vorzustoßen oder wollen Sie sich irgendwann im Mittelmanagement „häuslich" niederlassen? Diese Entscheidung müssen Sie am *Start* Ihrer Karriere treffen!
- Wenn Sie sich für den „Gipfelstürmer" entschließen, saugen Sie unterwegs alle erreichbaren Informationen auf wie ein Schwamm; und ach-

ten Sie im übrigen darauf, daß Sie nirgends „anecken"; in dieser Aufstiegsphase ist „Anpassung" das Gebot der Stunde.

- Erinnern Sie sich gelegentlich an die Story von Dr. Tacke. Und denken Sie daran, daß „Leader" wie Lee Iacocca oder Michail Gorbatschow auch die „Ochsentour" hinter sich gebracht hatten; und sich dabei über Jahrzehnte immer um einen Grad dümmer gestellt hatten, als ihre Vorgesetzten gewesen waren. Dieses Verhalten entspricht einem uralten Witz: Sagt ein Direktor zu seinem Assistenten: „Beobachten Sie unsere Nachwuchsmanager genau und finden Sie heraus, wer von denen der Begabteste ist!" „Und wenn ich ihn gefunden habe?" „Dann wird er sofort entlassen!"
- Viel mehr brauchen Sie nicht zu wissen, um in einem Konzern Karriere zu machen. Ich fasse nochmal zusammen:
  * Sie müssen genau wissen, was Sie wollen.
  * Vergessen Sie nie, daß „Anpassung" das „Gesetz Nr. 1" ist.
  * Niemand darf an Ihrer Loyalität zweifeln. Erwecken Sie stets den Eindruck, daß Sie sich für die Firma jederzeit einen Arm abhacken ließen!
  * Intelligenz kann im Umfeld eines Konzerns ein großes Hindernis sein. Also: Stellen Sie Ihr Licht unter den Scheffel!
  * Wenn Sie ab und zu verzweifeln wollen, dann stellen Sie sich vor, was Sie mit einigen dieser „synthetischen Manager" anfangen werden, wenn Sie erst „oben" sind. Da gibt es zum Beispiel die chinesische „Folter der hundert Tode": so eine Vorstellung sorgt für einen Adrenalin-Stoß, der Sie alle Ungemach überwinden läßt.
- Wenn Sie als Gruppenleiter Aufsehen durch Effizienz erringen wollen, dann halten Sie sich an folgende Einsichten:
  * Erfolge kann man nur *mit* der Gruppe erringen — niemals gegen sie!
  * Kreieren Sie in Ihrer Gruppe einen „Korpsgeist": jeder muß stolz sein, gerade in Ihrer Gruppe arbeiten zu dürfen.
  * Wenn ein Mitarbeiter bei Ihnen gegen einen anderen intrigieren will, indem er Ihnen ein paar „vertrauliche Mitteilungen" anbietet, dann sagen Sie kurz und bündig: „Dann wollen wir doch den Kollegen X hereinbitten und diese Geschichte aufklären!"
  * Geben Sie an Ihre Gruppe immer alle Informationen weiter, die Sie selbst besitzen! Wenn Ihre Mitarbeiter Wesentliches zuerst in der Kantine hören müssen, ist es mit dem Vertrauen zu Ihnen vorbei!
  * Wenn ein Mitarbeiter eine besondere Leistung vollbracht hat, dann loben Sie ihn — vor der Gruppe! Kritik sollten Sie unter vier Augen anbringen.

* Sie müssen wissen, wer von ihren Mitarbeitern ehrgeizig ist, und diesen Mann/diese Frau fördern! Alle in Ihrem Bereich müssen wissen, daß man von Ihnen (bei guter Leistung) gefördert wird. Dann werden Sie sich nie um Nachschub sorgen müssen: Sie bekommen dann von der Pers.-Abt. nur hoffnungsberechtigte Neulinge zugewiesen.
* Wenn Sie begabte und ehrgeizige Mitarbeiter fördern, werden einige dabei sein, die Sie überrunden. Ergebnis? Sie werden nach ein paar Jahren überall im Bereich Freunde haben, die Ihnen ihren Aufstieg mitverdanken!
* Bauen Sie sich, mit Hilfe Ihrer Sekretärin, ein informelles Kommunikationsnetz auf! Sie müssen überall Freunde oder Ihnen Wohlgesinnte sitzen haben, die das Gras wachsen hören. Nur so können Sie rechtzeitig Gegenmaßnahmen einleiten, falls höheren Orts eine Entscheidung ansteht, die Ihrem Image oder Ihrer Effektivität schaden könnte.
* Sollten Sie jemals über einen Führungsstil nachdenken müssen, so halten Sie sich an das Fiedler-Modell. Und nicht vergessen, bitteschön: Ihr *Charakter ist das Herzstück jedes Führungsstil-Modells*!
* Das Wichtigste im menschlichen Leben ist das *Selbstwertgefühl.* So lange Sie es bei Ihren Mitarbeitern nicht verletzen, können Sie nichts wirklich falsch machen.
* Und erinnen Sie sich *täglich einmal* des alten Konfuzius und seiner „Ethik der Interdependenz“: in ihr gibt es nur Verpflichtungen, und alle Verpflichtungen sind gegenseitig. Oder, mit den Worten meiner längst verstorbenen Großmutter: „Was du nicht willst, das man *dir* tu, das füg’ auch keinem andern zu!“

Anhang: *Erkenne dich selbst!*

Beantwortung durch Birkenbihl, also ganz subjektiv!

Nr.	Ja	Nein		Nr.	Ja	Nein
1	+			25	+	
2		+		26	+	
3	+			27	+	
4	+			28	+	
5		+		29	+	
6	+			30		+
7	+			31	+	
8	+			32	+	
9	+			33	+	
10	+			34	+	
11		+		35	+	
12		+		36	+	
13		+		37		+
14		+		38	+	
15		+		39		+
16		+		40		+
17	+			41		+
18	+			42	+	
19		+		43		+
20		+		44	+	
21	+			45		+
22		+		46	+	
23	+			47		+
24	+			48	+	

Ergebnis: 10/0 — 9/1 — 10/2 = 19:10

Literaturverzeichnis

Abodaher, David: Iacocca, München 1985
Adorno, Th. W.: Studien zum autoritären Charakter, Frankfurt/Main 1974
Augstein, Rudolf: Jesus Menschensohn, München 1972
Ball, George W.: Disziplin der Macht, Frankfurt/Main 1968
Bennis/Nanus: Führungskräfte, Frankfurt/Main 1990
Berle, Adolf: Macht, Hamburg 1973
Berne, Eric: Was sagen Sie, nachdem Sie „Guten Tag" gesagt haben? München 1975
Birkenbihl, Michael: Führungsbrevier 2000, Goch 1981, Karriere und innere Harmonie, 2. Aufl., Orell Füssli, Zürich 1989, Chefbrevier, München 1990
Birkenbihl, Vera F.: Freude durch Streß, 6. Aufl., Landsberg 1988, Erfolgstraining, 2. Aufl., Landsberg 1988, Kommunikations-Training, 9. Aufl., Landsberg 1989, Stroh im Kopf?, 6. Aufl., Speyer 1988
Bornemann, Ernest: Psychoanalyse des Geldes, Frankfurt 1973
Capra, Fridjof: Wendezeit, Bern/München/Wien 1983, Das Tao der Physik, München 1984
Charon, Jean: Der Geist der Materie, Wien/Hamburg 1979
Claessens, Dieter: Rolle und Macht, Weinheim 1970
Deppe, Joachim: Quality Circle und Lernstatt, Gabler, Wiesbaden 1989
Ditfurth, Holmar von: Innenansichten eines Artgenossen, Düsseldorf 1989
Drucker, Peter: Die Praxis des Managements, München 1970
Dychtwald, Ken: Körperbewußtsein, Essen 1981
Fiedler/Chemers/Mahar: Der Weg zum Führungserfolg, Stuttgart 1977
French, Marilyn: Jenseits der Macht, Reinbek 1985
Galbraith, John K.: Anatomie der Macht, München 1987
Gordon, Maynard M.: Das Iacocca-Management, Landsberg 1986
Harris, Thomas A.: Ich bin o. k., du bist o. k., Reinbek 1973
Henning/Jardin: Frau und Karriere, Reinbek 1978
Hormann/Harman: Future Work, München 1990
Iacocca/Novak: Eine amerikanische Karriere, Düsseldorf 1986
Kazmier, Leonhard J.: Einführung in die Grundsätze des Management, München 1972
Kellog, Marion: Führungsgespräche mit Mitarbeitern, München 1972
Klebelsberg, Dieter von: Risikoverhalten als Persönlichkeitsmerkmal, Bern/Stuttgart 1969
Korda Michael: Macht, und wie man mit ihr umgeht, München 1975
Krüger, Wilfried: Konfliktsteuerung als Führungsaufgabe, München 1973
Latey, Maurice: Mißbrauch der Macht, Düsseldorf/Wien 1973
Leavitt, Harold: Grundlagen der Führungspsychologie, München 1974
Maccoby, Michael: Gewinnen um jeden Preis, Reinbek 1977
McClelland, David: Macht als Motiv, Stuttgart 1978
Mann, Rudolf: Das ganzheitliche Unternehmen, München 1990
Maslow, Abraham: Motivation und Persönlichkeit, Olten/Freiburg 1977, Psychologie des Seins, München 1973

Morita, Akio: Made in Japan, Bayreuth 1986
Packard, Vance: Die Pyramidenkletterer, München 1966
Parkinson, C. N.: Das Manana-Gesetz, Reinbek 1973
Peter/Hull: Das Peter-Prinzip, Reinbek 1970
Peters, Thomas/Waterman, Robert: Auf der Suche nach Spitzenleistungen, Landsberg 1983
Scheidt, Jürgen von (Hrsg.): Konzepte für die Zukunft, München 1990
Seiwert, Lothar F.: Mehr Zeit für das Wesentliche, Landsberg 1989
Szcesny, Gerhard: Vom Unheil der totalen Demokratie, München 1983
Teilhard de Chardin: Der Mensch im Kosmos, München 1969
Toffler, Alvin: Der Zukunftsschock, München 1970,
Die Zukunftschance, München 1980,
Machtbeben, Düsseldorf 1990
Trendletter, Verlag Norman Rentrop, 5300 Bonn 2 (Bad Godesberg)
Vester, Frederic: Neuland des Denkens, Stuttgart 1980
Wahrig, Gerhard: Deutsches Wörterbuch, München 1973
Watzlawick/Beavin/Jackson: Menschliche Kommunikation, Bern/Stuttgart 1969
Wilber, Ken: Halbzeit der Evolution, Bern/München/Wien 1987